AF592268

28 mars 1904 V

VENTE
des 28 et 29 Mars 1904
Hôtel Drouot, Salle n° 7

Très Beaux
Livres Modernes

provenant de la

Bibliothèque du Vicomte de L. C.

Me DELESTRE, Commissaire-Priseur
M. A. DUREL, Libraire-Expert

Arras. — Imp. Schoutheer Frères, rue des Trois-Visages, 53.

CATALOGUE

DE BEAUX

LIVRES MODERNES

TRÈS BIEN RELIÉS

provenant de la

BIBLIOTHÈQUE DU VICOMTE DE L. C.

LA VENTE AURA LIEU

Les Lundi 28 et Mardi 29 Mars 1904

A deux heures précises de l'après-midi

HOTEL DES COMMISSAIRES-PRISEURS, 9, RUE DROUOT

Salle n° 7, au premier étage

Par le Ministère de Me MAURICE DELESTRE ✻, Commissaire-Priseur

5, Rue Saint-Georges, 5 (IXe)

Assisté de M. A. DUREL, O. I. ✪, Libraire-Expert,

21, rue de l'Ancienne-Comédie, 9 et 11, passage du Commerce (VIe).

☞ *Voir l'ordre des Vacations au verso du titre.*

CONDITIONS DE LA VENTE

La Vente se fera au comptant.

Les acquéreurs payeront **10 p. 100** en sus des adjudications.

Les livres devront être collationnés dans les vingt-quatre heures de l'adjudication. Passé ce délai, ils ne seront repris pour aucune cause.

M. A. DUREL, **chargé de la vente, remplira aux conditions d'usage, les Commissions des personnes qui ne pourraient y assister.**

M. A. DUREL **se réserve la faculté, dans l'intérêt de la vente, de réunir ou de diviser les numéros du Catalogue.**

CATALOGUE

DE BEAUX

LIVRES MODERNES

ÉDITIONS DE LUXE

sur Papiers de Chine et du Japon

TRÈS BIEN RELIÉS

PAR MM.

Bretault, Canape, Carayon, Champs, Ch. Meunier,
David, Petrus-Ruban

PROVENANT DE LA

BIBLIOTHÈQUE DU VICOMTE DE L. C.

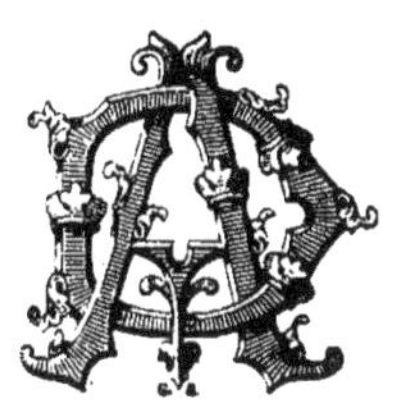

PARIS
A. DUREL, LIBRAIRE
21, RUE DE L'ANCIENNE-COMÉDIE, 21
9 ET 11, PASSAGE DU COMMERCE (VIe ARR.)

1904

ORDRE DES VACATIONS

Première Vacation. — **Lundi 28 Mars 1904.**

Numéros . . . . 154 à 198

Numéros . . . . 1 à 153

Deuxième Vacation. — **Mardi 29 Mars.**

Numéros . . . . 199 à 260

Numéros . . . . 261 à 320

Publications de la Société des Cent Bibliophiles. . 321 à 326

☞ Tous les livres composant cette vente sont en parfait état. Les reliures sont neuves et de toute fraîcheur, ce qui nous a dispensé de mettre : *Bel exemplaire*, après chaque numéro.

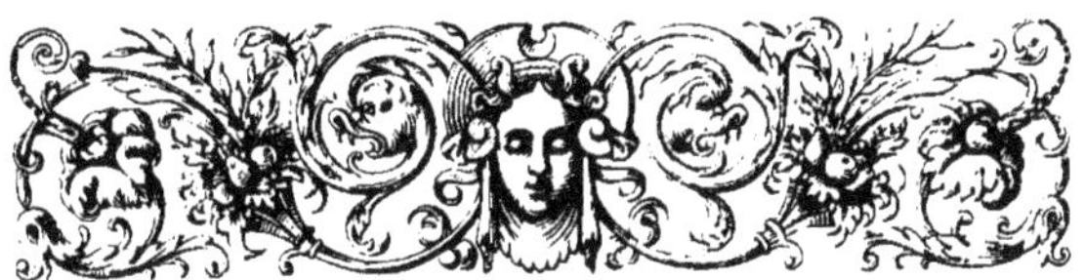

CATALOGUE

DE BEAUX

LIVRES MODERNES

TRES BIEN RELIÉS

composant la

BIBLIOTHÈQUE DU VICOMTE DE L. C.

1. **Adam** (Mme) (Juliette Lamber). La Chanson des Nouveaux Époux. Edition ornée d'un portrait et de dix eaux-fortes. *Paris, L. Conquet,* 1882, in-4, demi-rel. dos et coins de mar. bleu jans., dos sans nerfs, tête dor., non rog., couv. (*Canape*).

   L'un des 100 exemplaires tirés sur papier du Japon (nº 29) contenant le portrait en 3 états, dont l'eau-forte pure, et les eaux-fortes en 2 états (avant la lettre et avec la lettre).

2. **Adam** (Mme) (Juliette Lamber). Récits d'une Paysanne. Illustrations de G. Fraipont. *Paris, J. Lemonnyer*, 1885, gr. in-8, cart. dos et coins de mar. vert, dos orné de coquelicots et de bleuets en mosaïque de mar. or et couleurs, fil., tête dor., non rog., couv. (*Petrus Ruban*).

   L'un des 100 exemplaires tirés sur papier du Japon (nº 28), contenant le tirage à part, en *bistre*, de toutes les vignettes.

3. **Adeline** (Jules). Hippolyte Bellangé et son œuvre, avec eaux-fortes et fac-similé. *Paris, Quantin*, 1880, in-8 raisin, cart. dos de perc., non rog., couv. (*Canape*).

   L'un des 50 exemplaires tirés sur papier de Hollande (nº 35) avec 2 suites des planches, *avec* et *avant* la lettre.

4. **Aicard** (Jean). La Chanson de l'Enfant. Nouvelle édition ornée de 128 compositions par T. Lobrichon, avec la collaboration de E. Rudaux, gravées sur bois par L. Rousseau. *Paris, G. Chamerot*, 1884, gr. in-8, demi-rel. dos et coins de mar. La Vallière jans., dos à 5 nerfs, tête dor., non rog. (*Canape*).

L'un des 150 exemplaires tirés sur papier teinté des manufactures impériales du Japon (n° 46), contenant le portrait de l'auteur en 2 états *avec* et *avant* la lettre, et le tirage à part hors texte des 128 compositions.

5. **Aicard** (Jean). Don Juan 89. *Paris, Dentu*, 1889, in-12, cart. dos et coins de mar. citron, dos orné et mosaïqué, tête dor., non rog., couv. illust. (*P. Ruban*).

Édition originale, avec la couverture.
L'un des 10 exemplaires tirés sur papier du Japon (n° 6).

6. **Amicis** (Edmondo de). Le Maroc, traduit de l'italien par Henri Belle. Ouvrage illustré de 174 gravures sur bois, d'après les dessins de E. Bayard, C. Biseo, S. Ussi, etc. *Paris, Hachette et Cie*. 1882, gr. in-4, demi-rel. dos et coins de mar. violet, dos orné, fil. sur les plats, tête dor., non rog. (*Champs*).

Exemplaire tiré sur papier de Chine.

7. **Annunzio** (Gabriel d'). Les Vierges aux Rochers, traduction de l'italien, par G. Hérelle. *Paris, Calmann Lévy*, 1897, in-12, demi-rel. dos et coins de mar. rouge, dos sans nerfs avec ornem. dor., fil. sur les plats, tête dor., non rog. (*Canape*).

L'un des 50 exemplaires tirés sur papier de Hollande (n° 50).

8. **AQUAFORTISTES FRANÇAIS** (Société des). Salon de 1886. *Paris, Lahure*, 1886, in-fol., demi-rel. dos et coins de mar. vert, dos orné, fil. sur les plats, tête dor., non rog., mont. sur onglets (*Champs*).

L'un des **5** exemplaires tirés sur **papier du Japon** (n° 5) avec les épreuves avant la lettre et avec remarques tirées sur **parchemin**.
31 eaux-fortes de Courtry, Laguillermie, Waltner, etc., etc.
Provenant de la bibliothèque de Ch. Bouret, avec son *ex-libris* gravé.

9. **AQUAFORTISTES FRANÇAIS** (Société des). Salon de 1887. *Paris, Lud. Baschet*, 1887, in-fol., demi-rel. dos et coins de mar. vert, dos orné, fil. sur les plats, tête dor., non rog., mont. sur onglets (*Champs*).

L'un des **5** exemplaires tirés sur **papier du Japon** (nº 1) avec les eaux-fortes en deux états. Epreuves avec remarque sur **parchemin**, et suite d'épreuves, premier état avec remarque sur papier du Japon.

30 eaux-fortes de Courtry, E. Abot, E. Salmon, F. Oudart, Léop. Flameng, Géry-Bichard, etc., etc.

Provenant de la bibliothèque de Ch. Bouret, avec son *ex-libris* gravé.

10. **AQUAFORTISTES FRANÇAIS** (Société des). Salon de 1888. *Paris, Lud. Baschet*, 1888, in-fol., demi-rel. dos et coins de mar. vert, dos orné, fil. sur les plats, tête dor., non rog., mont. sur onglets (*Champs*).

L'un des **5** exemplaires tirés sur **papier du Japon** (nº 1), avec les eaux-fortes en deux états, avec remarque sur **parchemin**, et suite d'épreuves, premier état sur Japon.

30 eaux-fortes de E. Daumont, Decisy, H. Toussaint, A. Mongin, F. Oudart, Eug. Abot, J. Massard, etc., etc.

Provenant de la bibliothèque de Ch. Bouret, avec son *ex-libris* gravé.

11. **Aquarellistes français** (Salon des). Texte de Eugène Montrosier. *Paris, H. Launette et Cie*, 1887-1888, 2 vol. in-4, illustré d'en-têtes, planches hors texte et culs-de-lampe, demi-rel. dos et coins de mar. grenat, dos mosaïqués, fil. sur les plats, tête dor., non rog., couv. (*Champs*).

L'un des 25 exemplaires tirés sur papier du Japon (nº 5), avec les planches hors texte avant la lettre.

12. **AQUARELLISTES FRANÇAIS** (Société des). Ouvrage d'art publié avec le concours artistique de tous les sociétaires. Texte par les principaux critiques d'art. *Paris, H. Launette. — Goupil et Cie*, 1883, in-fol., demi-rel. dos et coins de mar. rouge, dos orné, fil. sur les plats, tête dor., non rog. (*Champs*).

L'un des 85 exemplaires tirés sur papier du Japon (nº 44).

Provenant de la bibliothèque de Ch. Bouret, avec son *ex-libris* gravé.

13. **PEINTRES FRANÇAIS ET ÉTRANGERS** (Les grands). Ouvrage d'art. Publié avec le concours artistique

des maîtres. Texte par les principaux critiques d'art. *Paris, H. Launette. — Goupil et Cie*, 1884, in-fol., nombr. illustrations dans le texte et planches hors texte, demi-rel. dos et coins de mar. grenat foncé, dos orné, fil. sur les plats, tête dor., non rog. (*Champs*).

L'un des 85 exemplaires tirés sur papier du Japon (nº 34).
Provenant de la bibliothèque de Ch. Bouret, avec son *ex-libris* gravé.

14. **Bac**. La Femme intime. Album absolument inédit par Bac. Préface de Marcel Prévost. *Paris, H. Simonis, s. d.* Album gr. in-4, cart. dos et coins de mar. bleu jans., tête dor., non rog., couv. illust. (*Bretault*).

Exemplaire tiré sur papier de Chine (nº 2), avec signature autographe de l'auteur.

15. **Banville** (Th. de). Le Forgeron, scènes héroïques (poème inédit). *Paris, Dreyfous*, 1887, in-8 carré, texte avec encadrem. en couleur, cart. dos et coins de mar. rouge, dos orné, fil., tête dor., non rog. (*Canape*).

Édition originale avec la couverture.
L'un des 5 exemplaires tirés sur papier du Japon (nº 2).
Sur le faux-titre on lit cet envoi autographe :

Les bons rhytmeurs, pris d'une frénésie,
Comme des Dieux, gaspillaient l'ambroisie :
Si bien qu'enfin, pour mettre le hola,
Malherbe vint, et que la Poésie,
En le voyant arriver, s'en alla.

Théodore de Banville.

16. **Bardoux** (A.). La Duchesse de Duras. *Paris, Calmann Lévy*, 1898, in-8, cart. dos et coins de mar. vert, tête dor., non rog. (*Carayon*).

L'un des 5 exemplaires sur papier de Hollande (nº 5).

17. **Baschet** (Armand). Le Roi chez la Reine, ou histoire secrète du mariage de Louis XIII et d'Anne d'Autriche. Deuxième édition. *Paris, Henri Plon*, 1876, in-12, demi-rel. dos et coins de mar. bleu, dos orné, fil., tête dor., non rog. (*Canape*).

Exemplaire en grand papier (nº 49).

18. **Beaubourg** (Maurice). Nouvelles Passionnées. Frontispice d'Edouard Vuillard. *Paris, Edition de la Revue Blanche*, 1893, in-8, demi-rel. dos et coins de mar. citron, fil., tête dor., non rog. (*Bretault*).

Edition originale.
L'un des 50 exemplaires tirés sur papier de Hollande numerotés et paraphés par l'auteur (nº 42).

19. **Beauvallet** et ***. Les Femmes de Paul de Kock. Edition illustrée de 50 grands types et de 100 vignettes. Dessins de MM. Castelli, Gerlier et Lix. Gravures de MM. Demarle, Hildibrand, Perrichon, Renard, etc... *Paris, Charlieu frères et Huillery, s. d.*, gr. in-8, fig., demi-rel. dos et coins de mar. bleu, dos orné, fil., tête dor., non rog., couv. (*Champs*).

Exemplaire sur papier jonquille.

20. **Beraldi** (Henri) 1865-1885. Bibliothèque d'un Bibliophile, *Lille, imprimerie L. Danel*, 1885, in-8 écu, pap. vergé de Holl., demi-rel. dos et coins de mar. La Vall., dos orné, fil., tête dor., non rog., couv. (*Bretault*).

Tirage à petit nombre.

21. **BERALDI** (Henri). **La Reliure du XIXe siècle**. *Paris, L. Conquet*, 1895-1897, 4 vol. gr. in-8, fig., cart. dos et coins de mar. vert olive, ornem. de 6 fil. droits et entrelacés sur le dos, fil. sur les plats, non rog., couv. (*Carayon*).

Tirage unique à 295 exemplaires numérotés sur papier vélin du Marais (nº 139), contenant de nombreuses planches en héliogravure, reproductions de reliures.

22. **Beraldi** (Henri). Voyage d'un livre à travers la Bibliothèque Nationale. *Paris, G. Masson*, 1893, in-4 de 45 pp., fig. dans le texte et planches hors texte, cart. dos et coins de mar. vert, fil. sur les plats, tête dor., non rog. (*Bretault*).

Tiré à 95 exemplaires sur papier Whatman.

23. **Bernard** (Charles de). Gerfaut. Dix illustrations de Adolphe Weisz, gravées à l'eau-forte par H. Manesse. *Paris, Quantin*, 1889, in-4, demi-rel. dos et coins de mar. grenat, dos sans nerfs avec ornem. mosaïqués, fil. sur les plats, tête dor., non rog., couv. (*Carayon*).

L'un des 50 exemplaires tirés sur papier du Japon (n° 22), contenant 3 suites des planches (dont l'eau-forte pure).

24. **Bible**. L'Histoire d'Esther, traduite de la Sainte Bible par Lemaistre de Sacy. *Paris, Hachette et Cie*, 1882, gr. in-fol., 12 dessins de Bida, grav. à l'eau-forte, demi-rel. dos et coins de mar. vert jans., dos à 5 nerfs, fil. sur les plats, tête dor., non rog.

L'un des 10 exemplaires tirés sur papier de Chine (n° 1).

25. **Bible**. L'Histoire de Joseph, traduite de la Sainte Bible, par Lemaistre de Sacy. *Paris, Hachette et Cie*, 1878, gr. in-fol., 20 dessins de Bida, grav. à l'eau-forte, demi-rel. dos et coins de mar. bleu jans., dos à 5 nerfs, fil. sur les plats, tête dor., non rog. (*Bretault*).

L'un des 50 exemplaires tirés sur papier de Chine (n° 1).

26. **Bible**. L'Histoire de Tobie, traduite de la Sainte Bible, par Lemaistre de Sacy. *Paris, Hachette et Cie*, 1880, gr. in-fol., 14 dessins de Bida, grav. à l'eau-forte, demi-rel. dos et coins de mar. rouge jans., dos à 5 nerfs, fil. sur les plats, tête dor., non rog. (*Bretault*).

L'un des 50 exemplaires tirés sur papier de Chine (n° 1).

27. **Blanchemain** (Prosper). Poèmes et Poésies. — Foi, Espérance et Charité. *Paris, Edouard Rouveyre*, 1880, 2 vol. in-12, fig., demi-rel. dos et coins de mar. vert. fil., tête dor., non rog. (*Champs*).

L'un des 25 exemplaires tirés sur papier de Chine (n° 16) illustré d'eaux-fortes en 3 états par Gaujean, Leral et Mongin, d'après les dessins de Marius Perret.

28. **BOCCACE**. Le Décaméron. Illustrations de Jacques Wagrez, traduction et notes de Francisque Reynard.

Paris, H. Launette et Cie. — G. Boudet, Succr, 1890, 3 vol. in-4, titre r. et n., vign. en-têtes, planches hors texte, culs-de-lampe et lettres ornées, demi-rel. dos et coins de mar. La Vallière, dos orné de fil. dor. et de bandes entrelacées en mosaïque de mar. bleu et rouge, fil. sur les plats, tête dor., non rog., couv. (*P. Ruban*).

Exemplaire sur papier du Japon tiré pour M. Henri Launette, contenant :

1° Sur le faux-titre, un **délicieux sujet à l'aquarelle, à plusieurs personnages**, par **Jacques Wagrez** ;

2° Les planches hors texte en 3 états ;

3° Le tirage à part en bistre des vignettes et culs-de-lampe ;

4° Le frontispice et les titres des 1re et 2e journées sont en 5 états.

29. **Bois** (G.). Les Damnées. Dessins de F. Besnier, H. Laissement et E. Bourdelle, gravés à l'eau-forte par Eug. Decisy et Ch. Massart. *Paris, Dentu*, 1890, in-8, cart., dos et coins de mar. bleu, dos mosaïqué, tête dor., non rog. (*Ch. Meunier*).

Edition originale, avec la couverture.

Exemplaire tiré sur papier du Japon (n° 11), avec une suite à part, en bistre de toutes les illustrations.

30. **Bonnassies** (Jules). La fameuse comédienne, ou Histoire de la Guérin, auparavant femme et veuve de Molière. Réimpression conforme à l'édition de Francfort 1688, suivie des Variantes des autres éditions et accompagnée d'une préface et de notes. *Paris, Barraud*, 1870, in-8, port. cart., dos et coins de mar. bleu, non rog. (*Carayon*).

L'un des 40 exemplaires sur grand papier (n° 10).

31. **Borel** (Pétrus). Madame Putiphar. Seconde édition, conforme pour le texte et les vignettes à l'édition de 1839. Préface par M. Jules Claretie. *Paris, L. Willem*, 1877-78, 2 tom. en 1 vol. in-8, demi-rel., dos et coins de mar. La Vallière, dos orné à petits fers et mosaïqué, fil. sur les plats, tête dor., non rog., couv. (*Champs*).

L'un des 250 exemplaires tirés sur papier de Hollande (n° 211), auquel on a ajouté :

1° La suite des 8 gravures de Michele Armajer en 4 états, en sanguine sur Chine, en bleu sur Japon, en bistre sur Whatman et en noir sur Hollande ;

2° La figure du tome Ier page 144 avec les seins découverts est en triple épreuve, en bistre et en noir sur Chine et en bistre sur Hollande ;

3° Six portraits divers savoir : 2 de Pétrus Borel, 1 de Jules Claretie, 1 de Mme Paradol, 1 de Mme de Pompadour et 1 de Louis XV.

Ensemble 41 pièces.

32. **Bosquet** (Em.). La Reliure, études d'un praticien sur l'Histoire et la Technologie de l'Art du Relieur-Doreur, avec une lettre-préface de M. Léon Gruel. Ouvrage orné de 24 planches hors texte. *Paris, Imprimerie générale Lahure*, 1894. gr. in-8, demi-rel. dos et coins de mar. olive, dos sans nerfs avec ornem. dor., fil. sur les plats, tête dor., non rog. (*P. Ruban*).

L'un des quelques exemplaires tirés sur papier du Japon.

33. **Bouchor** (M.). Pervenche. Conte. Images de Léon Lebègue. *Paris, H. Floury*, 1900, in-4, br., couv. illust.

L'un des 30 exemplaires sur papier Japon impérial (n° 7).

34. **Bouchot** (Henri). Les Ex-Libris et les Marques de Possession du Livre. Illustrations de J. Adeline, Tony Favier, Ferdinandus, Marius Perret, Mesplès, H. Scott. *Paris, E. Rouveyre*, 1891, in-12, demi-rel. dos et coins de mar. vert olive, dos sans nerfs, fil. sur les plats, tête dor., non rog., couv.

L'un des 20 exemplaires numérotés sur papier de Chine.

35. **Bouchot** (Henri). Les Livres à Vignettes du XVe au XVIIIe siècle et du XIXe siècle. Illustrations de Geoffroy Tory, Sébastien Leclère, Moreau, Gravelot, Daumier, Gavarni, E. Meissonier, Grandville, E. Lami, H. Monnier, etc. *Paris, E. Rouveyre*, 1891, 2 vol. in-12, demi-rel. dos et coins de mar. vert olive, dos sans nerfs avec ornem. dor. et mosaïqués, fil. sur les plats, tête dor., non rog., couv. (*P. Ruban*).

L'un des 20 exemplaires numérotés sur papier Whatman.

36. **Bouchot** (Henri). Des Livres Modernes, qu'il convient d'acquérir. L'Art et l'Engouement, la Bibliofolie contemporaine, les Procédés de décoration. Illustrations de E. Berne-Bellecour, C. Delort, H. Giacomelli, J. Le Blant, A. Lhermitte, Maurice Leloir, Mesplès, V.-A. Poirson, G. Roux, E. Rudaux, D. Vierge, A. Toudouze. *Paris, E. Rouveyre*, 1891, in-12, demi-rel. dos et coins de mar. vert olive, dos sans nerfs, fil. sur les plats, tête dor., non rog., couv.

L'un des 20 exemplaires numérotés sur papier de Chine.

37. **Bouchot** (Henri). De La Reliure. Exemples à imiter ou à rejeter. L'Art du siècle, de l'Habillement du livre, ses qualités et sa décoration. Illustrations de Reliures et Motifs inédits, par S. David, Dodé, Meunier, Ruban, Raparlier, etc. *Paris, E. Rouveyre*, 1891, in-12, demi-rel. dos et coins de mar vert olive, dos sans nerfs avec ornem. dor. et mosaïqués, fil. sur les plats, tête dor., non rog., couv. (*P. Ruban*).

L'un des 20 exemplaires numérotés sur papier Whatman.

38. **BOURGEOIS** (Emile). Le Grand Siècle. Louis XIV, les Arts, les Idées. *Paris, Hachette et Cie*, 1896, gr. in-8, nombr. fig. mar. grenat, fil. int., tr. dor. sur broch., couv. (*Canape*.)

L'un des 20 exemplaires sur papier de Chine (nº 13).

39. **Bourget** (Paul). Cosmopolis, roman. Illustré d'Aquarelles par Duez, Jeanniot et Myrbach (Edition du Figaro). *Paris, A. Lemerre*, 1893, in-8, demi-rel. dos et coins de mar. bleu clair, dos orné de feuillage et de roses en mosaïque de mar. rouge, fil. sur les plats, tête dor., non rog., couv. (*Champs*).

Edition originale, avec la couverture.
L'un des 25 exemplaires tirés sur papier du Japon (nº 1), auquel on a ajouté : le Portrait de l'auteur, gravé à l'eau-forte, épreuve sur Chine volant avant la lettre.

40. **Bourget** (Paul). Un Scrupule. Illustrations de Myrbach, gravées par L. Rousseau. *Paris, Alphonse Lemerre*, 1893, in-18, fig., demi-rel. dos et coins de mar. vert, dos orné et mosaïqué, fil., tête dor., non rog. (*P. Ruban*).

L'un des 30 exemplaires sur papier du Japon paraphés par l'éditeur (n° 18), avec un portrait de l'auteur avant la lettre sur papier de Chine.

41. **Brach.** Œuvres poétiques de Pierre de Brach, sieur de la Motte-Montussan, publiées et annotées par Reinhold Dezeimeris. *Paris, A. Aubry*, 1861-62, 2 vol. in-4, portr. et fig., demi-rel. dos et coins de mar. mi-partie vert et rouge, dos orné, fil., tête dor., non rog. (*David*).

L'un des 11 exemplaires sur papiers de couleurs.

42. **Brillat-Savarin.** Physiologie du goût, précédée d'une notice par Alphonse Karr. Dessins de Bertall. *Paris, Furne et Cie*, 1864, gr. in-8, fig., cart., dos et coins de mar. La Vallière, dos orné et mosaïqué d'ornements attributifs, dent. sur les plats, tête dor., non rog., couv. (*Ch. Meunier*).

Exemplaire auquel on a ajouté la suite des 50 eaux-fortes de A. Lalauze, épreuves avant la lettre.

43. **Broglie** (Duchesse de). Lettres (1814-1838). Publiées par son fils le Duc de Broglie. *Paris, Calmann Lévy*, 1896, in-12, demi-rel. dos et coins de mar. La Vallière foncé, dos orné, fil. sur les plats, tête dor., non rog. (*Canape*).

L'un des 15 exemplaires tirés sur papier de Hollande (n° 7) auquel on a ajouté : 1° le portrait de la Duchesse de Broglie, héliogravure Dujardin, épreuve sur Hollande avec la lettre ; 2° le portrait du Duc de Broglie, gravé à l'eau-forte par L. Le Nain, épreuve sur Japon avant la lettre.

44. **Brulat** (Paul). Sous la Fenêtre, illustrations de C. Léandre et E. Couturier. *Paris, H. Simonis Empis*, 1896, in-12, demi-rel. dos et coins de mar. rouge, dos sans nerfs avec ornem. dor., fil. sur les plats, tête dor., non rog., couv. (*Canape*).

Edition originale, avec la couverture.
L'un des 5 exemplaires tirés sur papier du Japon (n° 1).

45. **Bulletin du Bibliophile et du Bibliothécaire.** Revue mensuelle. Publié par la librairie Techener (1892 à 1901). *Paris, Librairie Techener (H. Leclerc et P. Cornuau)*, 1892-1901, 10 vol. in-8, planches hors texte, demi-rel. dos et coins de chag. rouge poli jans., dos à 5 nerfs, tête dor., non rog. (*Champs*).

Les années 1900 et 1901 sont en livraisons.

46. **Busnel** (Th.). Première Suite de 12 Eaux-fortes. — Deuxième suite de 12 Eaux-fortes. *Se trouve chez l'auteur à Brest et chez Caillière à Rennes*, 1888. Ens. 2 vol. in-4, cart. dos et coins de mar. bleu, dos ornés, têtes dor., non rog. (*Canape*).

24 eaux-fortes dessinées et gravées par Th. Busnel.

47. **Cantiques d'Amour.** Dessins de Maurice Neumont, préface par Arsène Houssaye. Poésies de Alexandre Dumas, Armand Silvestre, Catulle Mendès, Jean Richepin, André Theuriet, Paul Arène, René Maizeroy, Georges d'Esparbès, Auguste Dorchain, Jean Aicard, Robert de Montesquiou, Emile Boucher. *Paris, Le Journal. — Emile Boucher, s. d.* (1894), in-fol., cart., dos et coins de mar. orange, dos mosaïqué, fil. sur les plats, tête dor., non rog., texte monté sur onglets (*Canape*).

Exemplaire tiré sur papier du Japon, orné de **une aquarelle originale** de **Maurice Neumont**, l'illustrateur du livre.

48. **Carcy** (F. de). De Paris en Egypte. Souvenirs de voyage. Avec une carte. *Paris, Berger-Levrault et Cie*, 1875, in-12, demi-rel. dos et coins de mar. brun jans., tête dor., tr. blanches (*Champs*).

Edition originale. — Envoi autographe de l'auteur, nom coupé à l'angle du haut du faux-titre.

49. **Catalogue de Livres et Manuscrits**, la plupart rares et précieux provenant du grenier de Charles **Cousin.**

Paris, 1891, in-4, cart. dos et coins de mar. bleu, dos orné, fil., tête dor., non rog., couv. illust. (*P. Ruban*).

Exemplaire sur papier du Japon, contenant un portrait de Charles Cousin à l'état d'eau-forte pure, et plusieurs reproductions chromolithographiques.

50. **Catalogue** de la Bibliothèque de M. Paul **Eudel** (Première partie). *Paris, Em. Paul et Fils et Guillemin*, 1898, in-8, demi-rel. dos et coins de mar. olive foncé jans., dos à 5 nerfs, tête dor., non rog. (*Canape*).

L'un des 3 exemplaires tirés sur papier Whatman (n° 3) avec planches hors texte et fac-similés.

51. **Catalogue** de la Bibliothèque du Château de **Grandvoir** Livres anciens et modernes. Estampes du XVIIIe siècle imprimées en noir et en couleurs. *Bruxelles, E. Deman, Expert*, 1900, in-8, demi-rel., dos et coins de mar. tête de nègre jans., dos sans nerfs, tête dor., non rog. (*Canape*).

Exemplaire sur papier de Hollande, avec planches hors texte.

52. **Catalogue** des Livres, Manuscrits et Imprimés, des Dessins et des Estampes, du cabinet de feu M. **Guyot de Villeneuve** (Première partie). *Paris, Ed. Rahir et Cie*, 1900, in-8, planches hors texte, demi-rel., dos et coins de mar. bleu jans., dos sans nerfs, tête dor., non rog. (*Canape*).

Quelques prix d'adjudication à l'encre.

53. **Catalogue** des Livres rares et précieux, Manuscrits et Imprimés composant la bibliothèque de feu M. le Baron S. de **la Roche Lacarelle**. *Paris, Ch. Porquet*, 1888, gr. in-8, port. cart. dos et coins de mar. La Vallière, dos orné, fil., tête dor., non rog. (*P. Ruban*).

Exemplaire sur papier de Hollande contenant de nombreux fac-similés de reliures.

54. **Catalogue illustré** de la bibliothèque de feu M. le Marquis de **Morante**, précédé d'une notice biographique par M. Fr. Asenjo Barbieri et de quelques mots sur cette

bibliothèque par M. Paul Lacroix (Bibliophile Jacob). *Paris, Bachelin-Deflorenne*, 1872, in-8, cart., dos et coins de mar. La Vallière, dos orné, fil., tête dor., non rog. (*P. Ruban*).

Exemplaire sur papier de Hollande avec de nombreux fac-similés de reliures.

55. **Catalogue** des Livres composant la Bibliothèque de feu M. le baron **James de Rothschild** (rédigé par M. Emile Picot). *Paris, D. Morgand*, 1884-1893, 3 forts vol. in-8, pap. vergé de Holl., portr., nomb. fig. dans le texte et planches hors texte, demi-rel., dos et coins de mar. brun, dos sans nerfs avec ornem. à petits fers et au pointillé, fil. sur les plats, tête dor., non rog. (*P. Ruban*).

Tiré à 400 exemplaires numérotés (n° 45).

56. **Catalogue** de la Bibliothèque de M. N. **Yemeniz**, précédé d'une Notice, par M. Le Roux de Lincy. *Paris, Bachelin-Deflorenne*, 1867, 2 vol. gr. in-8, demi-rel., dos et coins de mar. chaudron jans., dos à 5 nerfs, tête dor., non rog. (*Canape*).

L'un des 50 exemplaires tirés sur papier de Hollande, avec la Table des prix d'adjudication.

57. **Champsaur** (Félicien). L'Amant des Danseuses. *Paris, Dentu*, 1888, in-12, demi-rel., dos et coins de mar. La Vallière foncé, dos sans nerfs avec ornem. dor. et mosaïqués, fil. sur les plats, tête dor., non rog., couv. (*P. Ruban*).

Edition originale, avec la couverture illustrée.
L'un des 5 exemplaires tirés sur papier du Japon avec signature de l'auteur.

58. **Champsaur** (Félicien). Poupée Japonaise (Sameyama). *Paris, E. Fasquelle*, 1900, in-12, cart., dos et coins de mar. bleu jans., tête dor., non rog. (*Carayon*).

Edition originale.
L'un des 5 exemplaires tirés sur papier du Japon (n° 3).

59. **Charnay** (Désiré). Les Anciennes villes du monde. Voyages d'explorations au Mexique et dans l'Amérique centrale. 1757-1882. Ouvrage contenant 214 gravures et 19 cartes ou plans. *Paris, Hachette et Cie*, 1885, in-4 fig., demi-rel., dos et coins de mar. rouge, tête dor., non rog. (*Bretault*).

L'un des 12 exemplaires sur papier du Japon (nº 1).

60. **Chefs-d'œuvre d'Art** (Les) à l'Exposition universelle de 1878. Sous la direction de M. E. Bergerat. *Paris, L. Baschet*, 2 tomes en 1 vol. in-fol., nomb. fig. dans le texte et planches hors texte. demi-rel., dos et coins de mar. grenat à gros grain, dos sans nerfs avec ornem. dor., fil. sur les plats. tête dor., non rog. (*Canape*).

Exemplaire tiré sur papier de Chine.

61. **Cherville** (G. de). Les Chiens et les Chats d'Eugène Lambert. avec une lettre-préface d'Alexandre Dumas, de l'Académie française, et notes biographiques par Paul Leroi. Ouvrage illustré de 6 eaux-fortes et 145 dessins par Eugène Lambert. *Paris, Librairie de l'Art*, 1888, gr. in-4. demi-rel., dos et coins de mar. grenat clair, dos sans nerfs avec ornem. de feuillage et de fil. dor., fil., sur les plats, tête dor., non rog., couv. (*P. Ruban*).

L'un des 100 exemplaires tirés sur papier du Japon (nº 5) avec les eaux-fortes en 2 états, avant lettre sur Japon et avec lettre sur Hollande.

62. **Cherville** (Mis G. de). Nouveaux Contes d'un Coureur des Bois. Illustrations de G. Horber. *Paris, E. Flammarion, s. d.*, in-12, demi-rel., dos et coins de mar. orange, dos sans nerfs avec ornem. de branches et de fleurs en mosaïque de mar. de diverses couleurs. fil. sur les plats, tête dor., non rog., couv. (*P. Ruban*).

Edition originale, avec la couverture.
L'un des 10 exemplaires tirés sur papier du Japon (nº 7).

63. **Claretie** (Jules). L'Américaine, roman contemporain. *Paris, Dentu*, 1892, in-12, cart., dos et coins de mar. grenat jans., tête dor., non rog. (*Carayon*).

Edition originale.
Exemplaire tiré sur papier de Hollande, auquel on a ajouté le portrait de l'auteur, gravé à l'eau-forte par H. Toussaint, épreuve sur Hollande avec la lettre.

64. **Claretie** (Jules). Un Enlèvement au XVIIIe siècle. Documents tirés des Archives nationales. *Paris, Dentu*, 1882, in-12 carré, titre r. et n., texte encadré de fil. r., front., vig. et cul-de-lampe à l'eau-forte par Ad. Lalauze, demi-rel., dos et coins de mar. bleu, dos sans nerfs avec ornem. dor., fil. sur les plats, tête dor., non rog. (*P. Ruban*).

Exemplaire tiré sur papier vergé de Hollande avec le frontispice en 2 états en sanguine et en noir avant la lettre. — Portrait ajouté de l'auteur, gravé à l'eau-forte par Burney, épreuve sur Hollande avant la lettre.

65. **Clément de Ris** (L.) Les Amateurs d'autrefois. Huit portraits gravés à l'eau-forte. *Paris, E. Plon et Cie*, 1877, in-8, fig., demi-rel., dos et coins de mar. bleu, dos orné, fil., tête dor., non rog. (*Champs*).

Exemplaire sur papier de Hollande.

66. **Coignet** (Catalogue des Aquarelles et Dessins originaux de Julien le Blant, pour les Cahiers du Capitaine). *Paris, E. Féral*, 1896, in-4, fig., demi-rel., dos et coins de mar. rouge jans., non rog., couv. (*Champs*).

L'un des 110 exemplaires tirés sur papier du Japon (n° 43) contenant une double suite de toutes les gravures, *avant* et *avec* la lettre.

67. **Cooper** (Fenimore) illustré. Traduction de M. P. Louisy. Dessins de M. Andriolli, gravure de M. J. Huyot. *Paris, Firmin-Didot et Cie*, 1884-1886, 4 vol. gr. in-8, nombr. grav. dans le texte et planches hors texte, demi-rel., dos et coins de mar. violet, dos orné, fil. sur les plats, tête dor., non rog., couv. (*Champs*).

L'un des 100 exemplaires numérotés sur papier à la forme (n° 31).
Le Dernier des Mohicans. — Les Pionniers. — La Prairie. — L'Espion.

68. **COPPÉE** (François). Œuvres. Suite de 1 portrait dessiné et gravé par Léopold Flameng et 12 figures dessinées par François Flameng et Tofani, gravées par Boisson, Boutelié, Dubouchet et Jacquet. *Paris, Hébert, s. d.*, in-fol., demi-rel., dos et coins de mar. bleu jans., dos à 5 nerfs, non rog., planches mont. sur onglets (*Champs*).

Très belle suite en 3 états sur Chine monté.
On y a ajouté le portrait de François Coppée, par L. Massard, épreuve in-folio sur Japon avant la lettre et avec remarque

69. **Courteline** (Georges). Ah ! Jeunesse !... *Paris, E. Flammarion, s. d.*, in-12, demi-rel., dos et coins de mar. grenat, dos sans nerfs avec ornem. dor., fil. sur les plats, tête dor., non rog. (*P. Ruban*).

Edition originale, avec la couverture illustrée (premier plat seulement)
L'un des 10 exemplaires tirés sur papier du Japon (n° 8).

70. **Courteline** (Georges). Un Client sérieux. *Paris, E. Flammarion, s. d.*, in-12, cart., dos et coins de mar. vert jans., tête dor., non rog., couv. illust. (*Carayon*).

L'un des 20 exemplaires tirés sur papier du Japon (n° 11).

71. **Courteline** (Georges). La Vie de Caserne. Compositions originales de Henri Dupray. *Paris, A. Magnier*, 1896, gr. in-8, br., couv. illust.

L'un des 50 exemplaires sur papier du Japon (n° 13) avec une triple suite des eaux-fortes en couleurs, dont l'eau-forte pure.

72. **Courtry** (Ch.). Boutet embêté par Courtry. Préface de Léon Maillard. Deux Pointes-sèches par Henri Boutet. Une Eau-forte et Couverture par Ch. Courtry. *Paris, Bibliothèque artistique et littéraire*, 1896, in-8 fig., mar. vert, jans., fil. int., tr. dor. sur broch., couv. (*Canape*).

L'un des 30 exemplaires sur papier du Japon (n° 33) avec 3 états des eaux-fortes.

73. **DARYL** (Philippe). Le Yacht. Histoire de la navigation maritime de plaisance. *Paris, Librairies-Imprimeries réunies, May et Motteroz, s. d.*, in-4 carré, avec de nombr.

illustrations dans le texte et hors texte, de Boudier, Bourgain, Brun, Montader et Vallet, mar. rouge jans., dos à 5 nerfs, bande de mar. rouge avec 6 fil. formant encadrement, mors de mar. rouge, tr. dor. sur brochure, couv. (*Canape*).

Exemplaire tiré sur papier du Japon, orné d'**une aquarelle originale** de **Bourgain**, l'un des illustrateurs du livre.

74. **Daudet** (Alphonse). Aventures prodigieuses de Tartarin de Tarascon. *Paris, E. Dentu*, 1887, in-8, fig. et port., demi-rel., dos et coins de mar. La Vallière, tête dor. non rog., couv. (*Champs*).

Premier tirage des illustrations de Jeanniot.
L'un des 25 exemplaires tirés sur papier du Japon.

75. **Daudet** (Alphonse). Jack. Illustrations de Myrbach gravées par Ch. Guillaume. *Paris, E. Dentu, Marpon et Flammarion*, 1889, in-12, cart. dos et coins de mar. tête de nègre, dos mosaïqué, fil., tête dor., non rog., couv. illust. (*Champs*).

L'un des 100 exemplaires sur papier du Japon (n° 30) avec le portrait de l'auteur avant la lettre sur papier de Chine.

76. **Daudet** (Alphonse). Tartarin sur les Alpes, nouveaux exploits du héros tarasconnais. Illustré d'Aquarelles par Aranda, de Beaumont, Montenard, de Myrbach, Rossi, gravure de Guillaume frères (Edition du Figaro). *Paris, Calmann Lévy*, 1885, in-8, cart. dos et coins de mar. vert olive, dos orné. fil., tête dor., non rog. (*Canape*).

Exemplaire sur papier du Japon.

77. **Daudet** (Alphonse) et Léon **Hennique**. La Menteuse, pièce tirée de la nouvelle publiée par Alphonse Daudet. Illustrations de Myrbach. *Paris, E. Flammarion, s. d.*, in-12, demi-rel. dos et coins de mar. La Vallière foncé, dos sans nerfs avec ornem. dor., fil. sur les plats, tête dor., non rog. (*P. Ruban*).

Edition originale, avec la couverture (premier plat seulement).
Exemplaire tiré sur papier du Japon numéroté et paraphé par l'éditeur (n° 32).

78. **Daudet** (Ernest). Les Coulisses de la Société Parisienne. *Paris, Ollendorff*, 1893, in-12, demi-rel. dos et coins de mar. rouge clair, dos sans nerfs avec ornem. dor., fil. sur les plats, tête dor., non rog. (*P. Ruban*).

Edition originale.
L'un des 10 exemplaires tirés sur papier de Hollande (n° 4).

79. **Dayot** (Armand). Charlet et son œuvre. 118 compositions lithographiques, peintures à l'huile, aquarelles, sépias et dessins inédits. *Paris, Librairies-Imprimeries réunies, s. d.*, gr. in-8, fig., demi-rel. dos et coins de mar. grenat, dos orné, fil., tête dor., non rog., couv. (*P. Ruban*).

L'un des 50 exemplaires tirés sur papier du Japon (n° 23).

80. **Dayot** (Armand). Raffet et son œuvre. 100 compositions bibliographiques, peintures à l'huile, aquarelles, sépias et dessins inédits. *Paris, Librairies-Imprimeries réunies, s. d.*, in-4, fig., cart. dos et coins de mar. orange, dos orné et mosaïqué, fil., tête dor., non rog., couv.

L'un des 50 exemplaires sur papier du Japon (n° 1).

81. **Derôme** (L.). Le Luxe des Livres. *Paris, Edouard Rouveyre*, 1879, in-12, cart. dos et coins de mar. grenat, dos orné, fil., tête dor., non rog., couv. (*Canape-Belz*).

L'un des 50 exemplaires sur papier Whatman imprimé en couleur (n° 60).

82. **Derôme** (L.). La Reliure de Luxe, le Livre et l'Amateur. Illustrations inédites reproduites d'après les types originaux par Aron frères et dessins de G. Fraipont, C. Kurner, M. Perret, frontispice, reliure peinte par J. Adeline. *Paris, Edouard Rouveyre*, 1888, gr. in-8, fig., demi-rel. dos et coins de mar. rouge, dos orné, fil., tête dor., non rog., couv. (*Canape*).

L'un des 60 exemplaires sur papier du Japon (n° 34).

83. **Detaille** (Edouard). Les Grandes Manœuvres, texte par le major Hoff, illustrations par Edouard Detaille. *Paris, Boussod. Valadon et Cie,* 1884. Album in-folio contenant 30 illustrations en typogravure, cart. dos et coins de mar. rouge jans., non rog. (*Champs*).

Exemplaire tiré sur papier du Japon.

84. **Detaille** (Edouard). Les Grandes Manœuvres de l'Armée russe. Souvenirs du Camp de Krasnoé-Sélo, 1884. Texte, études et dessins par Edouard Detaille. *Paris, Boussod, Valadon et Cie,* 1886, Album in-fol. contenant 30 illustrations en typogravure, cart. dos et coins de mar. rouge jans., fil. sur les plats, non rog. (*Champs*).

Exemplaire tiré sur papier du Japon, avec Hommage des Editeurs.

85. **DIDEROT**. Jacques le Fataliste et son maître. Douze dessins de Maurice Leloir, gravés à l'eau-forte par Courtry, de Los Rios, Mongin, Teyssonnières. *Paris, Imprimé pour les Amis des Livres, par G. Chamerot,* 1884, gr. in-8, demi-rel. dos et coins de mar. vert, dos à nerfs, tête dor., non rog.

Edition tirée à 138 exemplaires (nº 81) contenant deux suites des gravures (eau-forte et avant la lettre).

86. **Dorat.** Les Baisers, précédés du Mois de Mai, poème. *Rouen, J. Lemonnyer,* 1880, gr. in-8, fig., mar. La Vallière jans., dos à 5 nerfs, bande de mar. avec ornem. dor., fil. droits et au pointillé formant encadrement, mors de mar. La Vallière, tr. dor. sur brochure, couv. (*Canape*).

Réimpression textuelle, sur l'édition de *La Haye* et *Paris*, 1770, frontispice, fleuron sur le titre, figure par Eisen, grav. par de Longueil, 22 vignettes et 22 culs-de-lampe par Eisen et Marillier, grav. par Aliamet, Bacquoy, de Longueil, etc.

L'un des 50 exemplaires tirés sur papier du Japon (nº 33) contenant :

1º Une quadruple suite des gravures, vignettes et culs-de-lampe, tirées à part sur Japon, en *sanguine*, en *bleu*, en *bistre* et en *noir*.

2º Le portrait de Dorat, par Devéria, gravé par Ethiou, épreuves sur Chine avec et avant la lettre.

3º Le portrait d'Eisen, gravé par Varin, d'après Ficquet, épreuves sur Chine, en noir avec la lettre et en bistre avant la lettre.

87. **Dreyfus** (Abraham). De 1 h. à 3 h., comédie en un acte illustré par Paul Renouard et Albert Lynch. *Paris, Boussod, Valadon et Cie*, 1887, in-4, de 38 pp. avec 5 gravures hors texte, cart. dos et coins de mar. vert jans., fil. sur les plats, tête dor., non rog., couv. (*Bretault*).

Tiré à 60 exemplaires numérotés (n° 60).

88. **Droz** (Gustave). Tristesses et Sourires. *Paris, V. Havard*, 1884, in-12, cart. dos et coins de mar. grenat jans., tête dor., non rog. (*Carayon*).

Edition originale.
Exemplaire tiré sur papier de Hollande.

89. **Drumont** (Edouard). La Dernière Bataille. Nouvelle étude psychologique et sociale. *Paris, E. Dentu*, 1890, in-12, cart. dos et coins de mar. orange, dos orné et mosaïqué, fil. tète dor., non rog. (*P. Ruban*).

Edition originale.
L'un des 50 exemplaires tirés sur papier de Hollande (n° 44).

90. **Drumont** (Edouard). La Fin d'un Monde. Etude psychologique et sociale. *Paris, Savine*, 1889, in-12, demi-rel. dos et coins de mar. grenat foncé, dos orné, fil. sur les plats, tête dor., non rog. (*Canape*).

Edition originale.
Exemplaire tiré sur papier de Hollande.

91. **Drumont** (Edouard). La France Juive. Essai d'histoire contemporaine. *Paris, Marpon et Flammarion, s. d.*, 2 vol. in-12, demi-rel. dos et coins de mar. grenat foncé, dos orné, fil. sur les plats, tête dor., non rog. (*Canape*).

Edition originale.
Exemplaire tiré sur papier de Hollande.

92. **Drumont** (Edouard). La France Juive devant l'opinion. *Paris, Marpon et Flammarion*, 1886, in-12, demi-rel. dos et coins de mar. orange, dos sans nerfs mosaïqué, fil. sur les plats, tête dor., non rog. (*P. Ruban*).

Edition originale.
L'un des 50 exemplaires tirés sur papier de Hollande (n° 21).

93. **Drumont** (Edouard). Le Testament d'un Antisémite. *Paris, Dentu*, 1891, in-12, demi-rel. dos et coins de mar. grenat foncé, dos orné, fil. sur les plats, tête dor., non rog. (*Canape*).

Edition originale.
L'un des 50 exemplaires tirés sur papier de Hollande (nº 3).

94. **Dubois** (l'Abbé). Aventures du Gourou Paramarta, conte drôlatique indien, traduit par l'Abbé Dubois, orné de nombreuses eaux-fortes par Bernay et Cattelain. *Paris, A. Barraud*, 1877, in-8 raisin, demi-rel. dos et coins de mar. vert, dos sans nerfs mosaïqué, fil. sur les plats, tête dor., non rog., couv. (*Canape*).

L'un des 150 exemplaires tirés sur papier de Chine (nº 134) contenant : 1º la couverture en 3 états ; 2º le tirage à part en sanguine des vignettes en-têtes et des planches hors texte.

95. **Ducros** (Emmanuel). Une Cigale au Salon de 1885. *Paris, L. Baschet*, 1885, in-4, avec encadrements reproduits en photogravure, imprimés en plusieurs teintes, cart. dos et coins de mar. rouge, dos orné d'une guirlande de fleurettes en mosaïque, fil., tête dor., non rog., couv. illust. (*Canape*).

L'un des 25 exemplaires sur papier du Japon, avec épreuves des photogravures en double suite.

96. **Dumas fils** (Alexandre). Un Cas de rupture. Illustrations page à page par Eugène Courboin. *Paris, A. Quantin*, 1892, in-4, port., br., couv.

L'un des 50 exemplaires sur papier du Japon (nº 14) avec une double suite des gravures.

97. **Du Pont** (Comte). L'Art de la Guerre, poëme en dix chants, par le Comte Du Pont, lieutenant général. *Paris, Firmin Didot frères, et Gosselin*, 1838, in-8, demi-rel. dos et coins de mar. bleu, dos sans nerfs avec ornem. dor., fil. sur les plats, tête dor., tr. blanches (*Champs*).

98. **Du Pont** (Bergon, Comtesse). Les Ephémères (poésies). *Paris, Imprimerie d'Everat et Cie*, 1839, in-8, fig. sur bois, demi-rel. dos et coins de mar. grenat foncé, dos sans nerfs avec ornem. dor., fil. sur les plats, tête dor., tr. blanches (*Champs*).

Edition originale. La dédicace « à mes enfants » est signée Bergon, comtesse du Pont.

Envoi autographe, nom coupé à l'angle du haut du faux-titre.

99. **Duseig** (Maurice). Marcelle. Poème parisien, orné de quatre eaux-fortes. *Paris, Librairie des Bibliophiles*, 1877, in-8, fig., cart. dos et coins de mar. bleu, dos orné, tête dor., non rog. (*Champs*).

L'un des 75 exemplaires sur papier Whatman (n° 59) avec les eaux-fortes en double épreuve.

Envoi autographe de l'auteur sur le faux-titre.

100. **DUTUIT**. La Collection Dutuit. Livres et Manuscrits. *Paris, Librairie Damascène Morgand. — Edouard Rahir et Cie, Successeurs*, 1899, in-fol. de 4 ff. prélim., 328 pages et 42 planches hors texte, cart. vélin blanc, tête éb., non rog.

Tirage limité à 350 exemplaires numérotés (n° 134).

Ce catalogue contient la description raisonnée de 789 ouvrages : il est imprimé avec le plus grand luxe par L. Danel de Lille, sur beau papier de Hollande, fabriqué aux Papeteries du Marais, toutes les pages étant encadrées d'un filet rouge.

Ce volume est orné :

1° De 33 planches en couleurs, tirées sur papier du Japon, reproductions de somptueuses reliures ou de très belles miniatures.

2° De 9 planches en noir en héliogravure, tirées sur papier du Japon.

3° De 70 figures dans le texte, reproductions de titres, de figures, etc.

101. **Eau** (L'). 23 compositions par A. Sezanne. Texte par A. Daudet, P. Arène, Ch. Yriarte, H. de Parville. *Paris, J. Rothschild*, 1889, in-fol., demi-rel. dos et coins de mar. bleu, dos sans nerfs avec ornem. de feuillage et de fleurs mosaïqués, fil. sur les plats, tête dor., non rog., couv., texte et planches mont. sur onglets (*Champs*).

L'un des 25 exemplaires tirés sur papier du Japon (n° 3), contenant 2 états des 14 planches sur cuivre.

102. **Etincelle.** Carnet d'un Mondain. Gazette parisienne, anecdotique et curieuse. Cent illustrations et cinq planches en couleurs composées par A. Ferdinandus. *Paris, Rouveyre*, 1881-1882, 2 vol. in-8, cart. dos et coins de mar. rouge clair, non rog., couv. impr. en couleurs (*Champs*).

L'un des 6 exemplaires tirés sur papier du Japon (nº 4).

103. **Etincelle.** L'Irrésistible. *Paris, Calmann Lévy*, 1893, in-12, demi-rel. dos et coins de mar. rouge clair, dos sans nerfs avec ornem. dor., fil. sur les plats, tête dor., non rog. (*Canape*).

Edition originale.
L'un des 10 exemplaires tirés sur papier du Japon (nº 9).

104. **Eudel** (Paul). Les Ombres Chinoises de mon père. *Paris, Edouard Rouveyre, s. d.*, in-4, fig., cart. dos et coins de mar. La Vallière, dos orné et mosaïqué, fil., tête dor., non rog., couv. illust. (*Canape*).

L'un des 20 exemplaires sur papier du Japon (nº 3).

105. **Eylac** (d') (Baron de Claye). La Bibliophilie en 1891-1892. — 1893. — 1894. *Paris, Rouquette*, 1893-95, 3 vol. in-8, demi-rel. dos et coins de mar. olive, dos orné, fil., tête dor., non rog., couv. (*Champs*).

L'un des 300 exemplaires sur papier de Hollande (nº 95).

106. **Fertiault.** Les Amoureux du Livre. Sonnets d'un bibliophile, fantaisies, notes et anecdotes, etc... Seize eaux-fortes de Jules Chevrier. *Paris, Claudin*, 1877, in-8, fig., cart. dos et coins de mar. vert, dos orné et mosaïqué, dent., non rog., couv. (*Ch. Meunier*).

L'un des 20 exemplaires tirés sur papier de Chine (nº 19), avec les eaux-fortes en 4 états.

107. **Feuillet** (Octave). Honneur d'Artiste. *Paris, Calmann Lévy*, 1890, in-12, demi-rel. dos et coins de mar. grenat,

dos sans nerfs avec ornem. dor. et mosaïqués, fil. sur les plats, tête dor., non rog. (*Canape*).

Edition originale.
L'un des 40 exemplaires tirés sur papier du Japon (n° 11) auquel on a ajouté le portrait de l'auteur gravé à l'eau-forte par Liphart, épreuve sur Japon avant la lettre.

108. **Fleurs de Lande** (par MM. Henry Eon, J. Guy Ropartz, Loeiz Le Picaut, Ed. Beaufils, Paul Colson, Puck, Pierre Tirlitt, Jean des Genêts, Sullian Collin et Daniel Braz. *Rennes, H. Caillière. s. d.*, in-4 de 32 pp., vign. et lettrines ornées, demi-rel. dos et coins de mar. vert, dos sans nerfs avec ornem. de feuillage dor., fil. sur les plats, tête dor., non rog. (*Canape*).

Tiré à 10 exemplaires sur papier du Japon, numérotés et signés par l'Editeur (n° 10).

109. **Foley** (Charles). Les Saynètes. Décors de José Roy. *Paris, Ed. Monnier*. 1884, in-8, demi-rel. dos et coins de mar. rouge, dos orné, fil., tête dor., couv. illust.

Exemplaire unique sur papier du Japon contenant :
1° **Les 6 dessins originaux** de **José Roy** ayant servi à l'illustration du livre ;
2° Une suite sur Chine, en tirage à part de toutes les illustrations.

110. **Fouéré-Macé** (l'Abbé). Le Prieuré Royal de Saint-Magloire de Lehon, par l'Abbé Fouéré-Macé, recteur de Lehon, introduction par M. le Chanoine Daniel, frontispice de Paul Chardin, illustrations de Th. Busnel, P. Chardin, A. Bourel, Comte de Brecey, A. de la Bigne, A. Lemoine, E Renault, etc., etc. *Rennes, H. Caillière*, 1892, pet. in-4 carré, titre r. et n., front., nombr. grav. dans le texte et plan, demi-rel. dos et coins de mar. grenat, dos orné de fil. dor. et de bandes entrelacées en mosaïque de mar. vert. fil. sur les plats, tête dor., non rog. (*Champs*).

Exemplaire tiré sur papier du Japon.

111. **Fournier** (Edouard). L'Esprit des autres. Cinquième édition, revue et considérablement augmentée. *Paris*,

Dentu, 1879, pet. in-12, pap. de Holl., demi-rel. dos et coins de mar. bleu jans., fil. sur les plats, tête dor., non rog., couv. (*Champs*).

112. **France** (Anatole). Nos Enfants. Scènes de la Ville et des Champs. Illustrations de M. Boutet de Monvel. *Paris, Hachette et Cie*, 1887, gr. in-4, cart. dos et coins de mar., non rog., couv. (*Champs*).

Edition originale, avec la couverture illustrée.
L'un des rares exemplaires tirés sur papier du Japon.

113. **FROISSART** (Les Chroniques de J.). Edition abrégée avec texte rapproché du français moderne, par Mme de Witt, née Guizot. *Paris, Hachette et Cie*, 1881, in-4, fig., mar. grenat jans., dent. int., doubles gardes, tr. dor. sur brochure (*Canape*).

Ouvrage contenant 11 planches en chromolithographie, 12 lettres et titres imprimés en couleur, 2 cartes, 33 grandes compositions tirées en noir et 252 gravures d'après les monuments et les manuscrits de l'époque.
L'un des 25 exemplaires tirés sur papier du Japon (n° 25).

114. **Gautier** (Hippolyte). L'An 1789. Evénements, mœurs, idées, œuvres et caractères. Avec 650 reproductions par la photogravure sur cuivre, de vignettes, d'estampes et de tableaux de l'époque. *Paris, Ch. Delagrave, s. d.*, 1 tome en 2 vol. in-4, demi-rel. dos et coins de mar. rouge, dos orné, fil. sur les plats, tête dor., non rog. (*Champs*).

L'un des 22 exemplaires tirés sur papier du Japon (n° 3).
Exemplaire spécialement imprimé pour M. Ch. Bouret.

115. **GAUTIER** (Théophile). **Jean et Jeannette**, illustré de Vingt-quatre compositions par Ad. Lalauze, préface par Léo Claretie. *Paris, A. Ferroud*, 1894, in-8 raisin, cart. dos et coins de mar. bleu, non rog., couv. (*Champs*).

L'un des **40** exemplaires tirés sur **grand papier** vélin d'Arches (n° **86**), avec **3** états des eaux-fortes : eaux-fortes pures, eaux-fortes terminées avant la lettre avec remarques et eaux-fortes avec la lettre.

116. **GAUTIER** (Th.). Le Roi Candaule, illustré de 21 compositions par Paul Avril, préface par A. France. *Paris,*

A. Ferroud, 1893, gr. in-8, cart. dos et coins de mar. rouge, attributs or et argent sur le dos, petite dent. sur les plats, non rog., couv. (*Ch. Meunier*).

L'un des 40 exemplaires sur papier du Japon (nº 42), contenant 3 états des eaux-fortes (eaux-fortes pures, eaux-fortes terminées avant la lettre et une suite avec la lettre).

117. **Genlis** (Mme de). De l'Esprit des Etiquettes de l'ancienne cour et des usages du monde de ce temps. Publié par Edouard Quesnet. *Rennes, Ilthe Caillière*, 1885, in-12, cart. dos et coins de mar. grenat, dos orné, fil., tête dor., non rog. (*Champs*).

L'un des 30 exemplaires sur papier teinté de Hollande (nº 33).

118. **Ginisty** (Paul). Les Belles et les Bêtes. Illustrations d'Henriot. *Paris, Marpon et Flammarion, s. d.*, in-12, demi-rel. dos et coins de mar. La Vallière foncé, fil. sur les plats, tête dor., non rog., couv. (*Champs*).

Edition originale, avec la couverture.
L'un des 25 exemplaires tirés sur papier du Japon (nº 21).

119. **Ginisty** (Paul). Quand l'Amour va tout va ! Illustrations de Henriot. *Paris, Marpon et Flammarion, s. d.*, in-12 carré, demi-rel. dos et coins de mar. citron, dos sans nerfs mosaïqué, fil. sur les plats, tête dor., non rog., couv. (*P. Ruban*).

Edition originale, avec la couverture.
L'un des 25 exemplaires tirés sur papier du Japon (nº 11).

120. **Gœthe**. Faust, tragédie. Traduction française de J. Porchat, revue par B. Lévy. *Paris, Hachette et Cie*, 1878, in-fol., titre r. et n., texte encadré de fil. r. Illustré de 13 gravures sur acier et 50 gravures sur bois, d'après les dessins de Liezen Mayer, ornements, têtes de page et culs-de-lampe, par R. Steitz, demi-rel. dos et coins de mar. orange jans., dos à 5 nerfs, fil. sur les plats, tête dor., non rog. (*Bretault*).

L'un des 25 exemplaires tirés sur papier de Chine (nº 21).

121. **Goldsmith.** Le Vicaire de Wakefield. Traduction nouvelle et complète par B.-H. Gausseron. *Paris, A. Quantin, s. d.*, gr. in-8, fig., demi-rel. dos et coins de mar. La Vall. clair, dos orné, tête dor., non rog., couv.

L'un des 100 exemplaires sur papier du Japon (n° 5), illustré de vignettes en couleurs de V.-A. Poirson.

On a joint à cet exemplaire une suite de 9 eaux-fortes avant la lettre par Ad. Lalauze.

122. **GONCOURT** (Edmond et Jules de). L'Art du XVIIIe siècle. Troisième édition, revue et augmentée, et illustrée de planches hors texte. *Paris, Quantin*, 1830-1882. 2 vol. in-4, demi-rel. dos et coins de mar. rouge, dos orné, fil. sur les plats, tête dor., non rog. (*Canape*).

Exemplaire tiré sur papier du Japon, contenant 2 suites des planches dont une *avant la lettre*.

123. **Goncourt** (E. et J. de). Madame de Pompadour. Nouvelle édition, revue et augmentée de lettres et documents inédits, illustrée de Cinquante-cinq reproductions sur cuivre par Dujardin, et de deux planches en couleur par Quinsac, d'après des originaux de l'époque. *Paris, Firmin-Didot et Cie*, 1888, in-4, demi-rel. dos et coins de mar. violet clair, dos à nerfs, tête dor., non rog., couv.

Exemplaire tiré sur papier du Japon (n° 41), auquel on a ajouté le portrait des Auteurs, gravés à l'eau-forte par Boilvin et Rajon, épreuves sur Chine volant avant la lettre.

124. **Goncourt** (E. et J. de). Sophie Arnould d'après sa Correspondance et ses Mémoires inédits. *Paris, Dentu*, 1877, in-4 carré, portr. à l'eau-forte par F. Flameng, demi-rel. dos et coins de mar. bleu, dos sans nerfs avec ornem. de fil. dor., fil. sur les plats, tête dor., non rog., (*Canape*).

L'un des quelques exemplaires tirés sur papier de Chine, auquel on a ajouté le portrait des Auteurs, graves à l'eau-forte par MM. Rajon et Boilvin, épreuves sur Chine volant avant la lettre.

125. **Goncourt** (Edmond de). Chéri. *Paris, Charpentier*, 1884, in-12, demi-rel. dos et coins de mar. La Vallière

clair, dos sans nerfs avec ornem. dor., fil. sur les plats, tête dor., non rog. (*P. Ruban*).

Edition originale.
L'un des 10 exemplaires tirés sur papier de Chine (nº 4) auquel on a ajouté le portrait de l'auteur, gravé à l'eau-forte par Baudran, épreuve sur Japon avant la lettre.

126. **Gonse** (Louis). Eugène Fromentin, peintre et écrivain. Ouvrage augmenté d'un Voyage en Egypte et d'autres Notes et Morceaux inédits de Fromentin, et illustré de gravures hors texte et dans le texte. *Paris, Quantin*, 1881, gr. in-8, eaux-fortes et héliograv., demi-rel. dos et coins de mar. chaudron jans., dos à 5 nerfs, tête dor., non rog., couv. (*Canape*).

L'un des 100 exemplaires tirés sur papier de Hollande (nº 89), avec 2 suites des planches.

127. **Grand-Carteret** (John). L'Affaire Dreyfus et l'Image 266 caricatures françaises et étrangères. *Paris, E. Flammarion, s. d.*, cart., dos et coins de mar. rouge jans., tête dor., non rog., couv. (*Carayon*).

Edition originale, avec la couverture.
Exemplaire tiré sur papier de Chine.

128. **Grand-Carteret** (John). XIXᵉ siècle (en France). Classes, Mœurs, Usages, Costumes, Inventions. *Paris, Firmin-Didot et Cie*, 1893, in-4, fig., demi-rel. dos et coins de mar. rouge, dos orné, fil., tête dor., non rog. (*Canape*).

Ouvrage illustré d'un frontispice chromotypographique, de 16 planches coloriées aux patrons, de 36 en-têtes et lettres ornées et de 487 gravures (dont 24 tirées hors texte) d'après les principaux artistes du siècle et à l'aide des procédés modernes.
Premier tirage.
L'un des 25 exemplaires tirés sur papier de Chine (nº 17), avec double épreuve des planches, en *noir* et *coloriées*.

129. **Grévin** (A.) et A. **Huart**. Les Parisiennes. *Paris, Librairie illustrée. — M. Dreyfous, s. d.*, gr. in-8, nomb. fig. dans le texte et planches hors texte coloriées, demi-rel. dos et coins de mar. bleu, dos orné et mosaïqué, fil., tête dor., non rog.

130. **Grosclaude**. Les Gaietés de l'année. Illustrations de F. Fau et de A. Guillaume. *Paris, Dentu*, 1891-1892, 2 vol. in-12, fig., cart. dos et coins de mar. rouge, dos orné, fil., tête dor., non rog., couv. (*P. Ruban*).

Exemplaires sur papier du Japon.

131. **GRUYER** (F.-A.). Chantilly. Les **Quarante Fouquet.** Ouvrage illustré de Quarante héliogravures par Braun, Clément et Cie. *Paris, Plon, Nourrit et Cie*, 1897, in-4 carré, mar. violet jans., dos à 5 nerfs, fil. et dent. int., doubles gardes, tr. dor. sur brochure, couv. (*Canape*).

Ouvrage tiré à 150 exemplaires sur papier de cuve des papeteries du Marais et de Sainte-Marie, et numérotés à la presse (n° 94).

132. **GRUYER** (F.-A.). Voyage autour du Salon Carré au Musée du Louvre. Ouvrage illustré de Quarante héliogravures exécutées d'après les tableaux originaux, par Braun. *Paris, Firmin Didot et Cie*, 1891, in-4, mar. rouge jans., 6 fil., int., doubles gardes, tr. dor. sur brochure (*Canape*).

Exemplaire tiré sur papier du Japon, contenant les gravures en deux états sur Japon et sur Chine.

133. **GUÉRIN** (Victor). La Terre Sainte, son Histoire, ses Souvenirs, ses Sites, ses Monuments. *Paris, E. Plon et Cie*, 1882-1884, 2 vol. gr. in-4, illustrés de planches en taille-douce, de gravures sur bois et de grandes cartes imprimées en couleurs, demi-rel. dos et coins de mar. La Vallière foncé, ornem. de 6 fil. gras et maigres sur le dos, fil. sur les plats, tête dor., non rog. (*Canape*).

L'un des 20 exemplaires tirés sur papier du Japon (n° 15).

134. **Guérin de la Grasserie** (A.-P.), Armorial de Bretagne contenant les noms et prénoms des Familles Bretonnes qui ont obtenu des arrêts de la Chambre de réformation établie à Rennes, de 1668 à 1671, la date des anciennes réformations et l'Origine connue de ces Familles, ou le nombre de leurs générations jusqu'en 1668, des Familles maintenues ou anoblies, depuis cette Epoque jusqu'en 1789, des

Familles anoblies sous l'Empire et la Restauration jusqu'en 1830 ; des Familles nobles qui, quoique d'une autre province, sont venues habiter la Bretagne, et y contracté des alliances ; les noms des terres érigées en dignité ; les devises de quelques Familles avec les écussons lithographiés en couleur. *Rennes, Deniel*, 1845-1848, 2 vol. gr. in-4, texte avec encadrem. de fil. bleus, demi-rel. dos et coins de mar. La Vallière foncé, dos semé d'hermines, fil. sur les plats, tête dor., non rog. (*Champs*).

135. **Guiches** (G.). La Pudeur de Sodome, frontispice gravé à l'eau-forte par F. Rops. *Paris, Quantin*, 1888, in-4, cart., dos et coins de mar. orange, dos orné, fil., tête dor., non rog. (*Canape*).

L'un des 22 exemplaires tirés sur papier du Japon (nº 22), avec le frontispice de Rops en 2 états dont un signé par l'artiste.

136. **Guimet** (E.). Promenades Japonaises, dessins d'après nature (dont 6 aquarelles reproduites en couleurs), par F. Régamey. — Promenades Japonaises — Tokio — Nikko, dessins par F. Régamey. *Paris, Charpentier*, 1878-1880. — Ens. 2 vol. in-4, demi-rel. dos et coins de mar. orange clair, dos sans nerfs avec fil. dor. et fleurs en mosaïque de mar. brun, fil. sur les plats, tête dor., non rog., couv. (*Canape*).

L'un des 15 exemplaires numérotés sur papier de Chine.

137. **Gyp**. Joies d'Amour. *Paris, Calmann Lévy*, 1897, in-12, demi-rel. dos et coins de mar. vert olive, dos sans nerfs, tête dor., non rog. (*Canape*).

Édition originale.
L'un des 5 exemplaires tirés sur papier du Japon (nº 3).

138. **Gyp**. Leurs Ames. *Paris, Calmann Lévy*, 1895, in-12, cart. dos et coins de mar. grenat jans., tête dor., non rog. (*Carayon*).

Edition originale.
L'un des 10 exemplaires tirés sur papier du Japon (nº 7).

139. **Gyp**. Madame la Duchesse. *Paris, Calmann Lévy*, 1893, in-12, demi-rel. dos et coins de mar. La Vallière, dos sans nerfs, tête dor., non rog. (*Canape*).

Edition originale.
L'un des 5 exemplaires tirés sur papier du Japon (n° 4).

140. **Halévy** (Ludovic). Princesse ! Illustré par L. Morin et Mme Chennevière. *Paris, Boussod, Valadon et Cie*, 1886, in-4, pap. vél., titre r. et n., avec 50 dessins dans le texte et 5 photogravures hors texte, cart. dos et coins de mar. bleu, fil., tête dor., non rog., couv. (*Champs*).

Tiré à 50 exemplaires numérotés (n° 38) dont 30 mis dans le commerce.

141. **HAMILTON**. Mémoires du Comte de Grammont. Suite de 64 portraits in-4, en 1 vol. demi-rel. dos et coins de chag. citron.

Exemplaire sur papier fort avec épreuves des portraits avant toutes lettres et à toutes marges.

142. **Havard** (Henry). La Flandre à vol d'oiseau. Illustrations d'après nature, par Maxime Lalanne. *Paris, G. Decaux*, 1883, gr. in-8, nomb. fig. dans le texte et planches hors texte, demi-rel. dos et coins de mar. vert, dos orné, fil. sur les plats, tête dor., non rog. (*Canape*).

L'un des 100 exemplaires tirés sur papier de Hollande (n° 40), contenant les planches hors texte en 2 états, sur papier de Chine avant la lettre et sur papier vélin avec la lettre.

143. **Havard** (Henry). La Hollande à vol d'oiseau. Eaux-fortes et fusains par Maxime Lalanne. *Paris, Decaux. — Quantin*, 1881, gr. in-8, nombr. fig. dans le texte et planches hors texte, demi-rel. dos et coins de mar. grenat foncé jans., dos sans nerfs, tête dor., non rog. (*Canape*).

L'un des 100 exemplaires tirés sur papier de Hollande (n° 61), avec 2 suites des planches hors texte.

144. **Hennique** (Léon). La Rédemption de Pierrot. Pantomime. Cinq eaux-fortes de Louis Morin. *Paris, Ferroud*, 1903, in-12, br., couv.

L'un des 125 exemplaires sur papier du Japon (n° 44).

145. **Héricault** (Charles d'). La Révolution 1789-1882. Appendices par Emm. de Saint-Albin, Victor Pierre et Arthur Loth. *Paris, D. Dumoulin et Cie*, 1883, in-4, titre r. et n., nomb. fig. dans le texte et planches hors texte en noir et en chromolithographies, fac-simile d'autographes, demi-rel. dos et coins de mar. rouge, dos orné du bonnet phrygien dans un encadrem. en mosaïque de mar. bleu et mauve entouré de feuillage doré, fil. sur les plats, tête dor., non rog., couv. (*Champs*).

L'un des 150 exemplaires tirés sur papier vélin de cuve des papeteries du Marais (n° 7).

146. **Histoire de l'Ecole Navale** et des institutions qui l'ont précédée par un ancien officier, avec lettre du vice-amiral Jurien de la Gravière, 40 compositions hors texte par Paul Jazet, gravées sur bois par Méaulle. *Paris, Quantin*, 1889, gr. in-8, fig., demi-rel. dos et coins de mar. bleu, dos orné, fil., tête dor., non rog., couv. impr. en coul. (*Canape*).

L'un des 25 exemplaires tirés sur papier du Japon.

147. **Histoire des Quatre Fils Aymon** très nobles et très Vaillans Chevaliers. Illustrée de compositions en couleurs par Eugène Grasset, gravure et impression par Charles Gillot. Introduction et notes par Charles Marcilly. *Paris, H. Launette*, 1883, in-4, fig., demi-rel. dos et coins de mar. gris perle, tête dor., non rog., couv. imp. en coul. (*Champs*).

L'un des 100 exemplaires sur papier du Japon (n° 66).

148. **Hübner** (Baron de). Promenade autour du monde, 1871, illustrée de 316 gravures dessinées sur bois. *Paris, Hachette et Cie*. 1877, in-4, demi-rel. dos et coins de mar. La Vallière, dos orné, tête dor., non rog. (*P. Ruban*).

Exemplaire sur papier de Chine.

149. **Ibels** (H.-G.). Le Café-Concert. Lithographies de H.-G. Ibels et de H. de Toulouse-Lautrec, texte de Georges

Montorgueil (*Paris, s. d.*), in-fol., planches (22), cart. dos de perc., non rog., planches mont. sur onglets (*Canape*).

Exemplaire avec les 22 Lithographies tirées sur papier du Japon.

150. **Ibels** (H.-G.). Les Demi-Cabots, le Café-Concert, le Cirque, les Forains. Textes. G. d'Esparbés, A. Ibels, M. Lefèvre et G. Montorgueil. *Paris, Charpentier et Fasquelle*, 1896, in-8, fig., br., couv. illust.

Exemplaire sur papier de Chine auquel on a joint un **dessin original** de **H.-G. Ibels**.

151. **Ibels** (H. G.) Les Forains. Suite de 17 eaux-fortes. *S. l. n. d.*, in-4, cart. dos et coins de mar. vert, dos orné, fil., tête dor., non rog., couv. (*Canape*).

Exemplaire n° 27 paraphé par l'auteur.
Epreuves avant la lettre sur papier de Hollande.

152. **Iconographie de la reine Marie-Antoinette.** Catalogue descriptif et raisonné de la collection de portraits, pièces historiques et allégoriques, caricatures, etc., formée par Lord Ronald Gower, précédé d'une lettre, par M. Georges Duplessis. *Paris, Quantin*, 1883, in-4, demi-rel., dos et coins de mar. bleu, dos mosaïqué et semé de fleurs de lis, fil. sur les plats, tête dor., non rog., couv. (*Champs*).

L'un des 50 exemplaires tirés sur papier de Hollande (n° 23) avec les planches hors texte tirées sur papier du Japon.

153. **IMAGE** (L') Revue littéraire et artistique, ornée de figures sur bois (décembre 1896 à décembre 1897). *Paris, H. Floury*, 1896-1897, 1 tome en 12 vol. in-4, cart. dos et coins de mar. bleu, dos orné de 6 fil. droits et entrelacés, fil. sur les plats, non rog., planches mont. sur onglets, couv. (*Canape*).

Texte de Paul Adam, A. Alexandre, Maurice Barrès, Dayot, Descaves, d'Esparbès, G. Geffroy, G. Goudeau, Clovis Hugues, Jean Julien, Lenôtre, Pierre Louys, Paul et Victor Margueritte, G. Montorgueil, J.-H. Rosny, Pierre Veber, etc.

Illustrations de G. Auriol, Bracquemond, Jules Chéret, Maurice Denïs, Dunki, de Feure, Gérardin, Granié, Grasset, Helleu, Jeanniot, Toulouse-Lautrec, La Gandara, Lepére, Merson, L. Morin, Mucha, Pissaro, Renouard, H. Rivière, Steinlen, D. Vierge, Vogel, Jean Veber, Willette, etc.

Sous ce titre de « Cartons d'Artistes » l'Image contient une série de onze études de Roger Marx, consacrées à Hervier, D. Vierge, Jules Chéret, Th. Ribot, Puvis de Chavannes, A. Rodin, J.-F. Millet. E. Carrière, Constantin Guys, Degas et Jongkind.

Exemplaire unique, imprimé sur papier impérial du Japon, contenant :

1° Une suite à part, hors texte, sur **vieux japon**, de toutes les illustrations.

2° Tous les **fumés** des bois en premier état.

3° Les **fumés** de tous les bois refusés.

4° Un tirage sur papier de Chine de tous les bois refusés

5° Les **manuscrits autographes signés** des nouvelles, contes, poésies, etc., ayant servi à la rédaction de la revue.

6° **Un grand nombre des dessins originaux** des artistes qui ont collaboré à cette Revue.

154. **Jacquemart** (J.). Histoire de la Bibliophilie. Recherches sur la reliure, sur les Bibliothèques des plus célèbres amateurs. Armorial des bibliophiles. Publiée par MM. Techener, père et fils. et accompagnée de planches gravées à l'eau-forte par M. Jules Jacquemart. *Paris, Techener*, 1 vol. in-fol. de planches, demi-rel., dos et coins de mar. grenat, dos à 6 nerfs avec ornem. de fil., fil. sur les plats, tête dor., non rog. (*Canape*).

Suite de 50 planches gravées à l'eau-forte par J. Jacquemart donnant la reproduction de 105 armoiries et reliures des XVI°, XVII° et XVIII° siècles.

155. **Job.** Tenue des Troupes de France à toutes les époques. Armées de Terre et de Mer. Texte par plusieurs Membres de la Sabretache. Aquarelles par Job. *Paris*, 1890, 12 livraisons in-4 br., couv.

Exemplaire sur papier de Chine.

Publication mensuelle, chaque livraison contient 4 fac-simile d'aquarelles de Job.

156. **Joinville** (Prince de). Vieux Souvenirs (1818-1848). *Paris, Calmann Lévy*, 1894, gr. in-8, nomb. fig. dans le texte et planches hors texte en photogravure Goupil et Cie, cart. dos et coins de mar. vert myrth, dos orné mosaïque, fil. sur les plats, tête dor., non rog., couv. (*Ch. Meunier*).

L'un des 50 exemplaires tirés sur papier du Japon (n° 40).

157. **Joubert** (André). La Captivité et la Rançon des Otages de Noirmoutier prisonniers en Hollande de 1674 à 1676. Ouvrage orné de vingt héliogravures. *Angers, Germain et G. Grassin*, 1892, gr. in-4, pap. vergé de Holl., demi-rel., dos et coins de mar. vert, dos orné, fil. sur les plats, tête dor., non rog. (*Champs*).

158. **Kerardven** (L.) Guionvac'h. Chronique Bretonne. Nouvelle édition avec un frontispice et nombreuses illustrations de M. Th. Busnel, introduction par M. René Kerviler. *Nantes, Société des Bibliophiles Bretons*, 1898, in-4, demi-rel., dos orné, fil. sur les plats, tête dor., non rog. (*Canape*).

L'un des 25 exemplaires tirés sur papier du Japon (n° VII) avec le frontispice en 2 états en *noir* et en *bleu*.

159. **Kleist** (Henri de). La Cruche cassée. Comédie en un acte, traduite de l'allemand par Alfred de Lostalot. Avec 34 illustrations gravées sur bois d'après les compositions originales de Menzel. *Paris, Firmin Didot*, 1884, gr. in-4, cart. dos et coins de mar. La Vallière, fil., tête non rog., couv. ill. (*Champs*).

L'un des 50 exemplaires sur papier du Japon (n° 37).

160. **Labiche** (Eugène). Théâtre choisi.— La Grammaire.— L'affaire de la rue de Lourcine. — La Poudre aux yeux. — La Cigale chez les Fourmis. — Les Deux timides. — Embrassons-nous, Folleville ! Préface de Ed. Pailleron, illustrations de S. Arcos. *Paris, C. Lévy*, 1895, in-4, nomb. fig. dans le texte et planches hors texte, demi-rel., dos et coins de mar. vert, dos orné, fil., tête dor., non rog., (*Canape*).

L'un des 25 exemplaires tirés sur papier de Chine (n° 17) avec la suite des gravures tirées en noir.

161. **Laboulaye** (Edouard). Derniers contes bleus. Dessins de Henri Pille et Henri Scott. Eaux-fortes de Henri Ma-

nesse. *Paris, Jouvet et Cie*, 1884, in-8 fig., demi-rel., dos et coins de mar. bleu clair, dos orné fil. tête dor., non rog., couv. (*Bretault*).

L'un des 50 exemplaires sur papier du Japon (nº 15) illustré de 10 eaux-fortes en double état, avant et avec la lettre et de vignettes dans le texte.

162. **Lacroix** (Paul). La véritable Edition originale des Œuvres de Molière. *Paris, A. Fontaine*, 1874, in-12, cart. dos et coins de mar. gren., dos orné, fil. sur les plats, tête dor., non rog. (*Champs*).

Edition tirée sur papier de Hollande à 200 exemplaires numérotés à la presse (nº 3).

163. **La Fontaine.** Les Amours de Psyché et de Cupidon, lithographies d'après les dessins de Raphaël, par MM. Bouillon, Beaugard-Thill, Chatillon, Dejuine, Fragonard, Maurin, Zwinger, etc., sous la direction de M. Hip., Castel, de Courval ; édition ornée du poëme de La Fontaine. *Paris, Imprimerie de Firmin Didot*, 1825, in-fol., portr. et fig. tirés sur pap. de Chine, demi-rel., dos et coins de mar. vert. dos sans nerfs avec ornem. dor., fil. sur les plats, tête dor., non rog. (*Champs*).

164. **LA FONTAINE**. Contes. Suite d'Estampes d'après Lancret, Pater, Eisen, Boucher, etc., pour illustrer les Contes de La Fontaine, gravées au burin par Depollier aîne. Trente-huit planches in-4 et deux vignettes gravées en taille-douce. *Paris, J. Lemonnyer*, 1885, 40 planches en 1 vol., gr. in-4, demi-rel., dos et coins de mar. bleu, dos orné, fil. sur les plats, tête dor., non rog.. couv. (*Champs*).

Exemplaire sur papier du Japon avec les gravures en 3 états, eaux-fortes pures en noir ; épreuves terminées, avant la lettre, et avant le nom des artistes, en noir ; épreuves terminées avec la lettre et le nom des artistes imprimés, en bistre.

On a ajouté : **2 dessins** à la Sepia par **Bauderval**, d'après Lancret.

165. **Lano** (Pierre de). L'Amour à Paris sous le second Empire, avec des Reproductions de Photographies originales, par Jean Delton. *Paris, H. Simonis Empis,* 1896, in-12, demi-rel., dos et coins de mar. bleu, dos sans nerfs avec ornem. dor., fil. sur les plats, tête dor., non rog. (*Canape*).

Edition originale.
Exemplaire tiré sur papier du Japon.

166. **La Trémoille** (Les) pendant cinq siècles. Tome premier Guy VI et Georges, 1343-1446. *Nantes, Grimaud,* 1890, in-4, pap. de Hollande, br., couv.

167. **Le Bon** (Dr Gustave). La Civilisation des Arabes, Ouvrage illustré de 10 chromolithographies, 4 cartes et 366 gravures dont 70 grandes planches, d'après les photographies de l'auteur, ou d'après les documents les plus authentiques. *Paris, Firmin Didot et Cie,* 1884, in-4, demi-rel,, dos et coins de mar. bleu foncé jans., dos à 5 nerfs, tête dor., non rog. (*Canape*).

Exemplaire tiré sur papier du Japon.

168. **Le Braz** (Anatole). Au Pays des Pardons. *Rennes et Paris, A. Lemerre,* 1894, in-12 carré. demi-rel., dos et coins de mar, grenat foncé, dos sans nerfs avec ornem. de feuillage et de roses, fil. droits et au pointillé, fil. sur les plats. tête dor., non rog. (*P. Ruban*).

Edition originale.
Exemplaire tiré sur papier du Japon.

169. **Le Roux** (Hugues). Les Jeux du Cirque et la vie foraine. Illustrations en couleurs de Jules Garnier. *Paris, Plon et Cie, s, d.,* in-4, demi-rel., dos et coins de mar. La Vall., dos orné, mosaïqué, tête dor., non rog., couv. impr. en couleurs. (*Bretault*).

L'un des 50 exemplaires sur papier du Japon (n° 28).

170. **Leroy** (Charles). La Foire aux conseils. Illustrations de Ferdinandus. *Paris, Marpon et Flammarion*, in-12, demi-rel., dos et coins de mar. bleu clair., dos sans nerfs avec ornem. dor., fil. sur les plats, tête dor., non rog., couv. (*P. Ruban*).

Edition originale, avec la couverture.
L'un des 25 exemplaires numérotés sur papier du Japon.

171. **LESAGE. Le Diable boiteux,** illustré par Tony Johannot, précédé d'une notice sur Le Sage, par M. Jules Janis. *Paris, E. Bourdin et Cie*, 1842, gr. in-8, cart. dos et coins de mar. chaudron jans., tête éb., non rog. (*Champs*).

Exemplaire tiré sur papier de Chine, auquel on a ajouté la suite des 9 eaux-fortes par Lalauze, épreuves sur Japon avant la lettre.

172. **Liber** (Jules). Les Pantagruéliques. Contes du pays Rémois. Avec une lettre de Jules Janin. *Paris, Marpon et Flammarion*, 1883, in-8 fig., demi-rel., dos et coins de mar. rouge, dos orné et mosaïqué, fil,, tête dor., non rog.. couv. (*Canape*).

L'un des 10 exemplaires sur papier de Chine avec le frontispice de Mesplès en 3 états.

173. **LOIR** (Maurice). La Marine Française. Illustrations de L. Couturier et F. Montenard. *Paris, Hachette et Cie*, 1893, in-4, nombr. illustrations dans le texte et planches hors texte, mar. bleu jans., large bande de mar. bleu avec fil., droits et au pointillé et ornem. dor., mors de mar. bleu, tr. dor. sur brochure (*Canape*).

L'un des 20 exemplaires tirés sur papier de Chine (nº 2).

184. **Lorrain** (Jean). La Princesse sous Verre. Conte pour Catherine Pozzi. Illustré de gravures en couleurs, par André Cahard. *Paris, Tallandier, s. d.*, (1896), plaq. in-4, demi-rel., dos et coins de mar. vert jans., tête dor., non rog. (*Canape*).

L'un des 30 exemplaires tirés sur papier du Japon (nº 30) avec une suite en noir des principales planches en couleurs.

175. **Lortet** (Dr). La Syrie d'aujourd'hui. Voyages dans la Phénicie, le Liban et la Judée (1875-1880). Ouvrage contenant 364 gravures, une carte de la Palestine et huit autres cartes. *Paris, Hachette et Cie,* 1884, gr. in-4, demi-rel., dos et coins de mar. bleu, dos orné à petits fers, fil. sur les plats, tête dor., non rog. (*Champs*).

Exemplaire tiré sur papier du Japon, non mis dans le commerce.

176. **Loti** (Pierre). Madame Chrysanthème. Dessins et aquarelles de Rossi et Myrbach. Gravure de Guillaume frères. *Paris, Calmann Lévy,* 1888, gr. in-8, fig., cartonnage recouvert de soie à fleurs, non rog., couv. illust. (*Carayon*).

L'un des 100 exemplaires sur papier du Japon (n° 47) auquel on a joint un portrait de l'auteur avant la lettre gravé par Abot.

177. **LOTI** (Pierre). Pêcheur d'Islande. Compositions et Eaux-fortes de E. Rudaux, gravures sur bois de J. Hugot. *Paris, C. Lévy,* 1893, in-4, cart. dos et coins de mar. vert, dos mosaïqué représentant le mât d'un navire, non rog., couv. (*Ch. Meunier*).

L'un des 25 exemplaires tirés sur papier du Japon (n° 13), contenant une triple suite des planches gravées : Eau-forte pure ; Etat terminé avec remarque ; Épreuves avec la lettre.

Une suite tirée à part de tous les bois, imprimée sur Chine ;

Une charmante aquarelle originale inédite sur le faux-titre par **E. Rudaux,** l'illustrateur du livre.

178. **Loti** (Pierre). Le Roman d'un enfant. *Paris, Calmann Lévy,* 1890, in-12, cart. dos et coins de perc., non rog. (*Carayon*).

Edition originale, avec la couverture.
L'un des 75 exemplaires tirés sur papier de Hollande (n° 11).

179. **Maillard** (Léon). Etudes sur quelques artistes originaux. **Auguste Rodin** statuaire. *Paris, H. Floury,* 1899, in-4, fig., br., couv.

Exemplaire sur papier du Japon (n° 7) contenant une double suite de toutes les gravures.

180. **Mallarmé** (Stéphane). Pages, avec un frontispice à l'eau-forte par Renoir. *Bruxelles, E. Deman*, 1891, in-4 carré, demi-rel. dos et coins de mar. grenat jans., dos sans nerfs, tête dor., non rog., couv. (*Carayon*).

L'un des 50 exemplaires tirés sur papier du Japon (nº 49) avec double épreuve du frontispice.

181. **Malot** (Hector). Zyte. Illustrations de Fernand Fau. *Paris, Dentu*, 1893, in-12, demi-rel. dos et coins de mar. vert, dos sans nerfs mosaïqué, fil. sur les plats, tête dor., non rog. (*P. Ruban*).

Edition originale, avec la couverture illustrée (premier plat seulement). L'un des 10 exemplaires tirés sur papier du Japon (nº 3) auquel on a ajouté le portrait de l'auteur, gravé à l'eau-forte par E. de Liphart, épreuve sur Japon avant la lettre.

182. **Marie** (Adrien). Une Journée d'Enfant. Compositions inédites par Adrien Marie. Vingt planches en héliogravure de Dujardin. *Paris, H. Launette*, 1883, gr. in-4, demi-rel. dos et coins de mar. bleu, dos sans nerfs mosaïqué, fil. et ornem. dor. à petits fers et au pointillé, fil. sur les plats, tête dor., non rog., couv. (*Canape*).

L'un des 200 exemplaires tirés sur papier du Japon (nº 155).

183. **Marlet** (Léon). Charlotte de La Trémoille, comtesse de Derby (1599-1664). *Paris, Pairault et Cie*, 1895, in-12, demi-rel. dos et coins de mar. tête de nègre, dos orné, fil. sur les plats, tête dor., non rog. *Canape*).

Edition originale.
L'un des 20 exemplaires tirés sur papier de Hollande (nº 12).

184. **Massa** (Philippe de). Zibeline, roman. Préface de M. Jules Claretie. *Paris, Ollendorff*, 1892, in-12, cart. dos et coins de mar. bleu jans., tête dor., non rog. (*Carayon*).

Edition originale.
L'un des 15 exemplaires tirés sur papier de Hollande (nº 7).

185. **Maupassant** (Guy de). Contes Choisis, illustrés de 118 dessins de G. Jeanniot. *Paris, Librairie illustrée, s. d.*, in-8, pap. vél., titre r. et noir, avec les planches hors texte, tirées sur Chine volant, cart. dos et coins de mar. bleu, dos orné d'une branche de fleurs en mosaïque or et couleurs, fil., tête dor., non rog., couv. (*Canape*).

L'un des 25 exemplaires sur papier de Chine (n° 39).

186. **Mélandri.** Giboulées d'Avril. Fantaisie en vers, illustrée par Willette. *Paris, L. Vannier, s. d.*, plaq. in-8, cart. dos et coins de mar. vert, tête dor., non rog., couv. (*Canape*).

Exemplaire tiré sur papier du Japon.

187. **Mélandri.** Les Pierrots. Fantaisie en vers, illustrée par Willette. *Paris, L. Vanier, s. d.*, plaq. in-8, cart. dos et coins de mar. vert, tête dor., non rog., couv. (*Canape*).

188. **Mémoire** écrit par Marie-Thérèse-Charlotte de France sur la captivité des princes et princesses ses parents depuis le 10 Août 1792 jusqu'à la mort de son frère arrivée le 9 Juin 1795. Publié sur le manuscrit autographe appartenant à Madame la Duchesse de Madrid. *Paris, E. Plon, Nourrit et Cie, s. d.*, gr. in-8, fig., demi-rel. dos et coins de mar. bleu, dos orné d'un semis de fleurs de lis, fil., non rog., couv. (*Carayon*).

L'un des 25 exemplaires tirés sur papier du Japon (n° 12) avec les gravures en trois états.

189. **Mendès** (Catulle). Pour lire au Couvent, avec soixante dessins de Lucien Métivet. *Paris, Marpon et Flammarion, s. d.*, in-8, demi-rel. dos et coins de mar. grenat, dos sans nerfs, tête dor., non rog., couv. (*Canape*).

L'un des 50 exemplaires numérotés sur papier du Japon, avec double épreuve du portrait de l'auteur.

190. **Mérimée** (Prosper). Lettres à M. Panizzi (1850-1870) publiées par M. Louis Fagan du Cabinet des Estampes au British Muséum avec les portraits de Prosper Mérimée et de Panizzi. *Paris, Calmann Lévy*, 1881, 2 vol. in-8, demi-rel. dos et coins de mar. vert, tête dor., non rog. (*Champs*).

Edition originale, avec les couvertures.
L'un des **30** exemplaires tirés sur **papier de Hollande** (nº 2).

191. **Meunier** (Lucien-V.). Chair à Plaisir. Illustrations de A. Ferdinandus. *Paris, Rouveyre*, 1882. in-12, demi-rel. dos et coins de mar. orange, dos sans nerfs avec ornem. dor., fil. sur les plats, tête dor., non rog. (*P. Ruban*).

L'un des 25 exemplaires tirés sur papier du Japon (nº 10).

192. **Moinaux** (Jules). Les Tribunaux du bon vieux temps. Causes grasses et causes salées. Dessins de E. Cottin. *Paris. E. Flammarion, s. d.*, in-12. cart. dos et coins de mar. vert, dos orné, fil. sur les plats, tête dor., non rog. (*P. Ruban*).

Edition originale, avec la couverture (premier plat seulement).
L'un des 10 exemplaires tirés sur papier de Hollande (nº 8).

193. **Montégut** (Maurice). Madame Tout le Monde. Illustrations de Le Natur. *Paris. Dentu*, 1893, in-12, demi-rel. dos et coins de mar. orange, dos sans nerfs avec ornem. dor. et mosaïqués, fil. sur les plats, tête dor., non rog., couv. (*P. Ruban*).

Edition originale, avec la couverture imprimée en couleurs.
Exemplaire tiré sur papier du Japon (nº 9).

194. **Montorgueil** (Georges). Croquis Parisiens. Les Plaisirs du Dimanche, à Travers les Rues. Illustrations directes d'après nature de Gervais-Courtellemont. *Paris, Librairies-Imprimeries May et Motteroz, s. d.*, gr. in-4, demi-rel. dos et coins de mar. bleu, dos sans nerfs avec ornem. dor., fil. sur les plats, tête dor., non rog. (*Canape*).

Tiré à 250 exemplaires numérotés (nº 215).
L'un des 246 sur papier vélin à la forme.

195. **Montorgueil** (G.). France. Son Histoire. Racontée par G. Montorgueil. Imagée par Job. *Paris, Charavay, Mantoux, Martin, s. d.*, gr. in-4, illustrations en couleurs, demi-rel. dos et coins de mar. bleu. dos sans nerfs, fil. et ornem. de feuillage et de fleurs dor., fil. sur les plats, tête dor., non rog. (*Canape*).

Exemplaire tiré sur papier du Japon numéroté et paraphé par l'Auteur et le Dessinateur (nº 10) avec la couverture imprimée en couleurs et or (premier plat seulement).

196. **Montorgueil** (Georges). La Parisienne peinte par elle-même. Vingt-et-une pointes sèches tirées hors texte et quarante-et-une compositions par Henry Somm. *Paris, L. Conquet*, 1897, gr. in-8, cart. dos et coins de mar. grenat, dos mosaïqué, fil. sur les plats, non rog., couv. (*Carayon*).

Tirage unique à 150 exemplaires sur papier de Hollande (nº 54).

197. **Montorgueil** (Georges). Les Trois Couleurs. France. Son Histoire. Imagée par Job. *Paris, Charavay, Martin, s. d.*, in-4, demi-rel. dos et coins de mar. bleu foncé jans., dos sans nerfs, tête dor., non rog., couv. impr. en couleurs et or.

Exemplaire tiré sur papier de Chine, numéroté et paraphé par les auteurs (nº 6).

198. **Montrosier** (Eugène). Les Chefs-d'Œuvre d'Art au Luxembourg, publiés sous la direction de M. Eugène Montrosier, avec le concours littéraire de MM. L. Allard, Th. de Banville, E. Blémont, Champfleury, J. Claretie, F. Coppée, A. Daudet, Th. Gautier, Lamartine, Mistral, G. Sand, A. Theuriet, Ch. Yriarte, etc., etc. Poésies d'Adrien Dézamy. *Paris, L. Baschet*, 1881, in-fol., fig., demi-rel. dos et coins de mar. rouge, dos orné à petits fers, fil. sur les plats, tête dor., non rog. (*Bretault*).

L'un des 30 exemplaires numérotés sur papier du Japon, avec les épreuves avant la lettre.

199. **Morin** (Louis). Carnavals Parisiens. *Paris, Montgredien et Cie, s. d.*, in-12, fig., col., demi-rel. dos et coins de mar. rouge, dos orné, non rog., couv. (*Carayon*).

L'un des 100 exemplaires sur papier du Japon (n° 103) paraphé par l'auteur, enrichi de **8 croquis originaux** au crayon et à la plume par Louis Morin.

200. **Müntz** (Eug.) Raphaël, sa vie, son œuvre et son temps. Ouvrage contenant 155 reproductions de tableaux ou fac-similés de dessins insérés dans le texte, et 41 planches tirées à part. *Paris, Hachette et Cie*, 1881, in-4, fig., demi-rel. dos et coins de mar. grenat foncé, dos orné, fil., tête dor., non rog. (*Champs*).

L'un des 20 exemplaires tirés sur papier de Chine (n° 18).

201. **Musany** (F.). Propos d'un Ecuyer. Illustrations de Doldier. *Paris, H. Simonis Empis*, 1895, gr. in-8, demi-rel. dos et coins de mar. vert, dos sans nerfs avec ornem. de fil. dor., fil. sur les plats, tête dor., non rog., couv. (*Canape*).

Edition originale, avec la couverture imprimée en couleurs.
Exemplaire tiré sur papier du Japon.

202. **Nadaud** (Gustave). Chansons choisies, illustrées par ses Amis. *Paris, Ateliers de Reproductions Artistiques*, 1882, 2 vol. gr. in-4, portr. et figg., demi-rel. dos et coins de mar. vert, dos sans nerfs avec ornem. dor. et mosaïqués, fil. sur les plats, tête dor., non rog., couv. (*Canape*).

Edition limitée à 100 exemplaires sur papier teinté.
Avec cet envoi autographe :
Cet Exemplaire doit être un gage de sympathie entre lui et l'Auteur.
Nice, le 4 Janvier 1890.

G. Nadaud.

203. **Napoléon**. *Paris, Bureaux de la vie contemporaine*. 1894, gr. in-8, fig., cart. dos et coins de mar. vert, dos orné, fil., tête dor., non rog. (*Canape*).

L'un des 100 exemplaires sur papier du Japon (n° 32).

204. **Nibor** (Yann). Chansons et Récits de Mer, illustrés par Léon Couturier, préface de Pierre Loti. *Paris, Marpon et Flammarion, s. d.*, in-12, demi-rel. dos et coins de mar. bleu, fil., tête dor., non rog., couv. illust. (*Bretault*).

Edition originale, avec la couverture.
L'un des 30 exemplaires tirés sur papier du Japon (n° 14).

205. **Nicholson** (William). Almanach de douze Sports 1898. Etude sur William Nicholson et son Art, par Octave Uzanne. *Paris, Société Française d'Editions d'Art*, 1898, in-4, fig. dans le texte et planches hors texte en couleurs, demi-rel. dos et coins de mar. rouge, dos sans nerfs avec ornem. de feuillage dor., fil. sur les plats, tête dor., non rog., couv. (*Canape*).

L'un des 50 exemplaires tirés sur papier du Japon (n° 47).

206. **Nossoff** (Serge). La Russie comique. Illustrations de G. Rouault et de Georges Redon. *Paris, Dentu*, 1891, in-8, demi-rel. dos et coins de mar. grenat, dos mosaïqué, fil., tête dor., non rog., couv. illust. (*P. Ruban*).

L'un des 10 exemplaires tirés sur papier du Japon.

207. **Nouval** (A. de). Contes Salés. Illustrations de José Roy. *Paris, Ed. Monnier*, 1884, in-8, demi-rel. dos et coins de mar. vert, dos orné, fil., tête dor., non rog., couv. illust.

Exemplaire sur papier du Japon contenant :
1° **Les 9 dessins originaux** de **José Roy**, ayant servi à l'illustration du livre ;
2° Une suite sur Chine en tirage à part de toutes les illustrations.

208. **O'Monroy** (Richard). Souvent homme varie ! *Paris, Marpon et Flammarion, s. d.*, demi-rel. dos et coins de mar. bleu, dos sans nerfs avec ornem. dor., fil. sur les plats, tête dor., non rog., couv. (*Canape*).

Edition originale, avec la couverture.
L'un des 25 exemplaires tirés sur papier du Japon (n° 5).

209. **Orain** (Adolphe). Géographie pittoresque du département d'Ille-et-Vilaine, avec une Préface par M. A. Vetault.

Illustrations et Dessins à la plume de MM. Th. Busnel, Henri Saintin, Tancrède Abraham, Albert Philippon, Ed. Vaumort. H. Arondel. *Rennes, Imprimerie A. Le Roy fils*, 1882, in-4, pap. vergé de Holl., titre r. et n., nombr. fig. dans le texte et planches hors texte, demi-rel. dos et coins de mar. rouge jans., tête dor., non rog.

Tiré à 125 exemplaires numérotés (nº 23).

210. **Orléans** (Duc d'). Récits de Campagne publiés par ses fils le Comte de Paris et le Duc de Chartres. 250 gravures sur bois d'après Decamps, Ingres, Raffet, Horace Vernet, Winterhalter, etc... *Paris, Calmann Lévy*, 1892, gr. in-8, fig., demi-rel. dos et coins de mar. bleu, dos orné, fil., tête dor., non rog., couv. (*Champs*).

L'un des 30 exemplaires sur papier de Chine (nº 21).

211. **Oukhtomsky** (Prince E.-E.). Voyage en Orient — Grèce — Egypte — Inde (1890-1891) de son Altesse Impériale le Cezarevitch. Traduction de Louis Léger, préface de A. Leroy-Beaulieu. Illustré de 178 Compositions de N.-N. Karazine. *Paris, Delagrave*, 1893, gr. in-4, demi-rel. dos et coins de mar. olive, dos à nerfs, tête dor., non rog.

Exemplaire imprimé spécialement sur papier du Japon, pour M... (nom gratté) (nº 14).

212. **Parny**. Œuvres choisies, augmentées de variantes, de texte et de notes. *Paris, Lefèvre (impr. de J. Didot aîné)*, 1827, in-8, cart. dos de perc., tr. dor. (*Canape*).

De la collection des classiques français.
Exemplaire sur grand papier vélin contenant :

1º 4 portraits de Parny, gravés par Tardieu d'après Isabey (avant la lettre sur Chine et eau-forte), par Fauchery et non signé (épreuves avant la lettre sur Chine) ;

2º 10 figures par Desenne et Devéria, la plupart en épreuves avant la lettre et eau-forte, page 11 une épreuve sur Chine avant lettre ; page 30 épreuve avant lettre et eau-forte ; page 91 une épreuve avant lettre ; page 137 une épreuve avant lettre ; page 212 une épreuve avant lettre ; page 273 une épreuve avant lettre ; page 342 une épreuve en 3 états dont l'eau-forte pure.

213. **Parquin**. Récits de Guerre. Souvenirs du Capitaine Parquin. 1803-1814. Dessins par F. de Myrbach, H. Dupray, Walker, L. Sergent, Marius Roy. Introduction par Frédéric Masson. *Paris, Boussod, Valadon et Cie*, 1892, gr. in-4, demi-rel. dos et coins de mar. rouge, dos mosaïqué, tête dor., non rog., couv. (*Ch. Meunier*).

L'un des exemplaires tirés sur grand papier vélin.
De la Bibliothèque de M. F. Raisin. N° 375 du catalogue.

214. **Patara et Bredindin**, aventures et mésaventures de deux gabiers en bordée, par E. P., ex-fourrier du *Suffren*; illustrées de 150 croquis à la plume par Paul Léonnec. *Paris, Léon Vanier*, 1884, in-8, cart. dos et coins de mar. bleu, non rog., couv. illust.

L'un des 50 exemplaires sur papier du Japon (n° 42).
Enrichi d'une **aquarelle originale** sur le faux-titre et de **19 croquis originaux** à la plume de **Paul Léonnec** ayant servi à l'illustration du livre.

215. **Paulier** (Cl.). Chefs-d'œuvres choisis du Musée du Luxembourg. Peinture. Vingt planches gravées par M. Haider. *Paris, Michel Haider, s. d.*, gr. in-4, fig., cart. dos et coins de mar. grenat, fil., tête dor., non rog. (*Champs*).

L'un des 100 exemplaires tirés sur papier du Japon (n° 30).

216. **Peignot** (Gabriel). Manuel du Bibliophile ou traité du choix des livres. *Dijon, Victor Lagier*, 1823, 2 vol. in-8, demi-rel. mar. rouge, fil., tête dor., non rog. (*Champs*).

217. **Pirouette**. (Coquelin Cadet). Le Livre des Convalescents. Dessins de Henri Pille. *Paris, Tresse*, 1880, in-12, cart. dos et coins de mar. grenat, non rog. (*Champs*).

Edition originale, avec la couverture.
Exemplaire sur papier de Chine.

218. **POE** (Edgar). Histoires extraordinaires et Nouvelles Histoires extraordinaires, traduites par Charles Baudelaire. Edition illustrée de 26 gravures hors texte à l'eau-

forte et en héliogravure, par Abot, Chiffart, Méaulle, Vierge. etc. *Paris*, *Quantin*, 1884, 2 vol. in-8, cart. dos et coins de mar. violet, dos orné de filets, d'un hibou, d'une tête de mort, et de larmes, bande de mar. rouge en mosaïque, non rog., couv. (*Carayon*).

L'un des 100 exemplaires tirés sur papier du Japon (n° 49), avec les eaux-fortes en 2 états et enrichi de **2 aquarelles originales** de **E. Van Muyden** sur le faux-titre de chaque volume.

219. **Pontsevrez.** Les Cœurs, poésies accompagnant Soixante-deux gravures inédites. *Paris*, *Librairies-Imprimeries réunies*, *May et Motteroz*, 1894, gr. in-8, demi-rel. dos et coins de mar. La Vallière foncé, dos sans nerfs avec ornem. dor., fil. sur les plats, tête dor., non rog. (*Canape*).

Edition originale.
Exemplaire tiré sur papier du Japon (n° VIII).

220. **Potier de Courcy** (Pol). Nobiliaire et Armorial de Bretagne, 3e Edition originale, revue, corrigée et augmentée. *Rennes*, *J. Plihon et L. Hervé*, 1890, 3 vol. in-4, demi-rel. dos et coins de mar. La Vallière foncé, dos semé d'hermine dor. et de fleurs de lis en mosaïque de mar. blanc, fil. sur les plats, tête dor., non rog. (*Canape*).

Tiré à 300 exemplaires numérotés et signés par l'auteur (n° 10).
L'un des 20 sur grand papièr de Hollande.
On y joint : Recueil des Blasons de Bretagne, contenant 360 planches et 6750 blasons dessinés par Alexandre de la Bigne, complément du Nobiliaire et Armorial de Bretagne de M. Pol Potier de Courcy, avec une étude historique sur les neuf Barons de Bretagne, par Arthur de la Borderie. *Rennes*, *J. Plihon et L. Hervé*, 1895, in-4, même rel.

221. **Pradels** (Octave). Pour dire entre Hommes. Illustrations de Kauffmann. *Paris*, *Marpon et Flammarion*, *s. d.*, in-12, cart. dos et coins de mar. La Vallière jans., tête dor., non rog., couv. (*Carayon*).

Edition originale, avec la couverture.
L'un des 25 exemplaires tirés sur papier du Japon (n° 1).

222. **Prévost** (Marcel). Le Jardin Secret. *Paris*, *A. Lemerre*, 1897, in-12, br.

Edition originale, avec la couverture.
L'un des 15 exemplaires sur papier de Chine (n° 14).

223. **Prévost** (Marcel). Nouvelles Lettres de Femmes. *Paris. Lemerre*, 1894, in-12, br.

Edition originale, avec la couverture.
L'un des 5 exemplaires tirés sur papier du Japon (n° 1).

224. **Prévost** (Marcel). Trois nouvelles. Nimba — Le Mariage de Julienne — Le Moulin de Nazareth. *Paris, A. Lemerre*, 1898. in-12, br.

Edition originale, avec la couverture.
L'un des 10 exemplaires tirés sur papier de Chine (n° 9).

225. **Proust** (Antonin). 1789-1889. L'Art Français. Publication officielle de la Commission des Beaux-Arts sous la direction de Antonin Proust. *Paris, L. Baschet, s. d.*, in-4, fig. dans le texte et planches hors texte en photogravure et eaux-fortes, demi-rel. dos et coins de mar. grenat, dos orné de feuillage et de roses en mosaïque de mar. rouge, fil. sur les plats, tête dor., non rog., couv. (*Champs*).

L'un des 7 exemplaires, avec texte et gravures sur papier du Japon (n° 5) ; 24 suites supplémentaires sur parchemin, avant la lettre. Plus les couvertures des livraisons reliées à la fin du volume.

226. **Quatrelles**. Colin Tampon. Illustrations d'après les aquarelles et les dessins d'Eugène Courboin. *Paris, Librairie Hachette et Cie*, 1885, in-4, fig., cart. dos et coins de mar. rouge, dos orné et mosaïqué, fil., tête dor., non rog. (*Champs*).

Exemplaire sur papier du Japon.

227. **Quatrelles**. La Dame de Gai-Fredon. Illustrations d'après les aquarelles et dessins d'Eugène Courboin. *Paris, Hachette et Cie*, 1881, gr. in-4, nombr. fig. dans le texte et planches hors texte en couleurs, demi-rel. dos et coins de mar. grenat foncé dos sans nerfs mosaïqué, fil. sur les plats, tête dor., non rog. (*Champs*).

L'un des 25 exemplaires tirés sur papier du Japon (n° 11).

228. **Quentin-Bauchart** (Ernest). Les Femmes Bibliophiles de France (XVIe, XVIIe et XVIIIe siècles). *Paris, Damascène Morgand*, 1886, 2 vol. gr. in-8, fig., demi-rel. dos et coins de mar. grenat foncé, dos et plats ornés de filets, tête dor., non rog. (*Canape*).

L'un des 50 exemplaires tirés sur papier de Chine (n° 2).

229. **Rabusson** (Henry). Le Roman d'un fataliste. — Sans Entraves. *Paris, Calmann-Lévy*, 1885-1892, 2 vol. in-12, cart., dos et coins de mar. violet, dos ornés, fil., têtes dor., non rog. (*P. Ruban*).

Editions originales.
Tirés à 5 exemplaires sur papier du Japon (n° 3 et 4).

230. **RACINE**. Œuvres. *Paris, Par la Compagnie des Libraires*, 1702, 2 vol. in-12, front. et figg., mar. bleu, dos orné, fil. à la Du Seuil, dent. int., tr. dor. (*Lortic*).

Première édition publiée après la mort de l'auteur et qui offre des variantes avec l'édition de 1697.

231. **Ramiro** (E.) [Rodrigues]. Louis Legrand, Peintre Graveur. Catalogue de son œuvre gravé et lithographié. *Paris, H. Floury*, 1896, gr. in-8, fig., demi-rel. dos et coins de mar. vert olive, dos orné et mosaïqué, tête dor., non rog., couv. (*Canape*).

Ouvrage orné de 6 eaux-fortes originales et inédites de Louis Legrand, et de 50 vignettes, lettres ornées, fleurons et culs-de-lampe dans le texte.
L'un des 50 exemplaires tirés sur papier du Japon (n° 40), avec double état des eaux-fortes.

232. **Rathery** et **Boutron**. Mademoiselle de Scudéry, sa vie et sa correspondance avec un choix de ses poésies. *Paris, Techener*, 1873, gr. in-8, port., demi-rel. dos et coins de mar. La Vallière, dos orné, fil., tête dor., non rog. (*Champs*).

Exemplaire sur papier de Hollande.

233. **Reibrach** (Jean). Par l'Amour. *Paris, Ollendorff*, 1896, in-12, demi-rel. dos et coins de mar. olive, dos sans nerfs

avec ornem. dor., fil. sur les plats, tête dor., non rog. (*Canape*).

Édition originale.
L'un des 10 exemplaires tirés sur papier de Hollande (nº 8).

234. **Reliures**. Album des principales reliures des ventes Techener, in-fol. de 21 planches, cart. dos et coins de mar. grenat, tête dor., non rog., planches mont. sur onglets (*Carayon*).

235. **Reliure ancienne et moderne** (La), recueil de 116 planches de reliures artistiques des XVIe, XVIIe. XVIIIe et XIXe siècles, ayant appartenu à Henri II, François Ier, Mazarin, Louis XIII, etc., et exécutées par Clovis et Nicolas Eve, Hardy-Mennil, Bauzonnet, etc... Introduction par Gustave Brunet, accompagnée d'une table explicative avec notice descriptive de 31 reliures des plus remarquables. *Paris, Paul Daffis*, 1878, 2 vol. gr. in-4, fig., demi-rel. dos et coins de mar. La Vallière, tête dor., non rog.

236. **Renouard**. La Danse (ou visions chorégraphiques). Vingt dessins de Paul Renouard, transposés en harmonie de couleurs. *Paris, Gillot*, 1892, in-fol., demi-rel., dos et coins de mar. lilas, dos sans nerfs avec ornem. de feuillage doré et de roses en mosaïque de mar. rouge, fil. sur les plats, tête dor., non rog. (*Canape*).

Rare, tiré à 195 exemplaires numérotés (nº 97).
Ouvrage encore peu connu des bibliophiles, mais qui restera, à n'en pas douter, l'un des livres les plus curieux du XIXe siècle, tant pour le sujet que pour l'exécution (*Octave Uzanne*).

237. **Renouvier** (J.). Des gravures en bois dans les livres d'Anthoine Vérard, Maître-Libraire, Imprimeur, Enlumineur, et Tailleur sur bois de Paris (1485-1512). *Paris, A. Aubry*, 1859, in-8, fig., cart. toile, non rog.

Tirage à 200 exemplaires.

238. **REVUE ILLUSTRÉE**. Directeurs F.-G. Dumas. — René Baschet (de l'origine Décembre 1885 à Décembre 1902). *Paris, L. Baschet*, 1885-1902, 18 années en 26 vol. in-4, nombr. grav. dans le texte, et planches hors texte en noir et en couleurs, cart. dos et coins de mar. lilas, dos orné, fil. sur les plats, tête dor., non rog. (*Bretault*).

Les années 1895 à 1902 sont en fascicules.

239. **Ricard** (J.). La Voix d'Or. — Histoires fin de siècle. — Cœurs inquiets. — Cristal Fêlé. *Paris, Calmann-Lévy*, 1884-1894, 4 vol. in-12, cart., dos et coins de mar. rouge, dos ornés et mosaïqués, fil., têtes dor., non rog. (*P. Ruban*).

Editions originales.
Exemplaires sur papier du Japon.

240. **Richebourg** (Emile). Le Million du Père Raclot. Illustrations de F. Fau. *Paris, Dentu*, 1889, in-12, demi-rel. dos et coins de mar. violet, dos sans nerfs avec ornem. dor. et mosaïqués, fil. sur les plats, tête dor., non rog. (*P. Ruban*).

Edition originale, avec la couverture (premier plat seulement).
Exemplaire tiré sur papier du Japon.

241. **Richepin** (Jean). Le Flibustier, comédie en vers, en trois actes. *Paris, M. Dreyfous*, 1888, in-8, port. cart., dos et coins de mar. rouge, dos orné, fil., tête dor., non rog. (*Canape*).

Edition originale, avec la couverture.
Exemplaire unique sur papier du Japon, auquel on a ajouté les portraits des acteurs dont plusieurs portent une note autographe de leur main.

242. **RIVOLI** (duc de). **Les Missels, imprimés à Venise de 1481 à 1600**. Description. — Illustration — Bibliographie ; avec cinq planches sur cuivre et 350 gravures, initiales et marques. *Paris, J. Rothschild*, 1896, in-4, mar. grenat jans., fil. int., tr. dor., sur broch., couv. (*Canape*).

L'un des 10 exemplaires sur papier du Japon (nº 4).

243. **Robert** (Louis de). L'Envers d'une Courtisane. *Paris, Ollendorff*, 1898, in-12, cart., dos et coins de mar. rouge jans., tête dor., non rog. (*Carayon*).

Edition originale.
L'un des 5 exemplaires tirés sur papier de Hollande (n° 5).

244. **Robida** (A.). La Vieille France (**Bretagne**). Texte, dessins et lithographies par A. Robida. *Paris, Librairie illustrée, s. d.*, in-4, cart. toile, fers spéciaux, non rog. (*Cart. de l'éditeur*).

L'un des 60 exemplaires tirés sur papier vélin teinté (n° 15), avec double épreuve des gravures hors texte.
Aquarelle originale de **A. Robida** sur le faux-titre.
Provenant de la Bibliothèque de Ch. Bouret, avec son *ex-libris* gravé.

245. **Robida** (A.). La Vieille France (**Normandie**). texte, dessins et lithographies par A. Robida. *Paris, Librairie illustrée, s. d.*, in-4, cart. toile, fers spéciaux, non rog., couv. illust. (*Carayon*).

L'un des 100 exemplaires tirés sur papier vélin teinté (n° 36) avec double épreuve des gravures hors texte, avant la lettre sur papier vélin et avec la lettre sur papier de Chine.
Aquarelle originale de **A. Robida** sur le faux-titre.

246. **Robida** (A.). La Vieille France, texte, dessins et lithographies, par A. Robida (**Provence**). *Paris, Librairie illustrée, s. d.*, in-4, demi-rel. dos et coins de mar. vert, dos orné, fil. sur les plats, tête dor., non rog., couv. illust. (*Canape*).

Exemplaire tiré sur papier vélin teinté, avec les planches hors texte en 2 états, avant la lettre sur papier de Chine et avec la lettre sur papier vélin.

247. **Robida** (A.). La Vieille France, texte, dessins et lithographies par A. Robida (**La Touraine**). *Paris, Librairie illustrée, s. d.*, in-4, demi-rel. dos et coins de mar. vert. dos orné, fil. sur les plats, tête dor., non rog., couv. illust. (*Canape*).

L'un des 25 exemplaires tirés sur papier vélin teinté avec les planches hors texte en 2 états, avant la lettre sur papier vélin et avec la lettre sur papier de Chine.

248. **Rochefort** (H.). (Grimsel). Fantasia. Dessins de Caran d'Ache. *Paris, Librairie moderne*, 1888, in-8 carré, demi-rel. dos et coins de mar. rouge, dos orné et mosaïqué, fil., tête dor., n. rog., couv. (*David*).

L'un des 20 exemplaires tirés sur papier du Japon (n° 1), signés par les deux auteurs.

249. **Rod** (Edouard). La Sacrifiée. — La vie privée de Michel Tessier. *Paris, Perrin et Cie*, 1892-1893, 2 vol. in-12, cart., dos et coins de mar. bleu, têtes dor., non rog. (*Carayon*).

Editions originales.
Exemplaires sur papier de Hollande.

250. **Roedel**. Fantaisies sur les Mois. 1895. 12 lithos originales par Roedel. *Paris. Imprimerie Eug. Marx* (Atelier Belfond), 1895, gr. in-4, cart., dos et coins de mar. olive, dos mosaïqué, fil. sur les plats, tête dor., non rog., planches mont. sur onglets (*Canape*).

Tirage à 100 exemplaires : on a ajouté l'Affiche illustrée de Publication.

251. **Roland** (La Chanson de). Texte critique accompagné d'une traduction nouvelle et précédé d'une Introduction historique par Léon Gautier, avec eaux-fortes par Chifflart et V. Foulquier, fac-simile, carte géographique et gravures sur bois dans le texte. *Tours, A. Mame et Fils*, 1872, 2 parties en 1 vol. gr. in-8, demi-rel. dos et coins de mar. olive clair dos à nerfs, tête dor., non rog.

L'un des 21 exemplaires tirés sur papier de Chine (n° 10), avec double épreuve des eaux-fortes.

252. **Rollinat** (Maurice). L'Abime, poésies. *Paris, Charpentier*, 1886, in-12, demi-rel. dos et coins de mar. grenat, dos mosaïqué, fil. sur les plats, tête dor., non rog. (*P. Ruban*).

Edition originale.
L'un des 10 exemplaires tirés sur papier du Japon (n° 6).

253. **Rostand** (Edmond). La Samaritaine. Evangile en trois tableaux en vers. *Paris, Charpentier et Fasquelle*, 1897, pet. in-4, cart., dos et coins de veau bleu lisse, dos orné, fil. sur les plats, tête dor., non rog. (*Carayon*).

Edition originale avec la couverture.
L'un des 25 exemplaires sur papier du Japon (nº 7).

254. **Rousselet** (Louis). L'Inde des Rajahs. Voyage dans l'Inde centrale et dans les Présidences de Bombay et du Bengale, ouvrage contenant 317 gravures sur bois dessinées par nos plus célèbres artistes, et 6 cartes. *Paris, Hachette et Cie*, 1875, gr. in-4, demi-rel. dos et coins de mar. grenat, dos orné, fil. sur les plats, tête dor., non rog. (*Champs*).

Exemplaire tiré sur papier de Chine.

255. **Rouveyre** (Edouard). Connaissances nécessaires à un bibliophile. Troisième édition. *Paris, E. Rouveyre*, 1879, 2 vol. in-8, demi-rel. dos et coins de mar. bleu, dos orné, fil., tête dor., non rog., couv. (*Canape-Belz*).

L'un des 50 exemplaires sur papier Whatman (nº 55), imprimés en couleurs.

256. **Sabran**. Correspondance inédite de la Comtesse de Sabran et du Chevalier de Boufflers (1778-1788), recueillie et publiée par E. de Magnieu et Henri Prat. Deuxième édition. *Paris, Plon et Cie*, 1875, in-8, portr. de Mme de Sabran, gr. à l'eau-forte par Rajon, d'après Mme Vigée Le Brun, demi-rel. dos et coins de mar. La Vallière, dos orné, fil. sur les plats, tête dor., non rog. (*Champs*).

Exemplaire tiré sur papier de Hollande, auquel on a ajouté la couverture imprimée.

257. **Sacher Masoch**. Contes Juifs, récits de famille. Vingt-huit héliogravures hors texte. Cent dessins dans le texte, par Gérardin, Alph. Lévy, Em. Lévy, H. Lévy, Edward Loevy, Schlesinger, Vogel, Worms. *Paris, Quantin*, 1888,

in-4 carré, demi-rel. dos et coins de mar. La Vallière, dos à nerfs, tête dor., non rog., couv. impr. en couleurs.

L'un des XXV exemplaires tirés sur papier impérial du Japon (nº IX), avec les héliogravures en 2 états dont un sur Japon avant la lettre, et une **aquarelle originale** de **E. Loevy**.

258. **Sahib**. La Marine. Croquis humoristiques. Marins et Navires anciens et modernes. Ouvrage illustré de 200 dessins dans le texte et de 8 aquarelles hors texte. *Paris, Jouvet et Cie, s. d.*, in-4, cart., dos et coins de mar. bleu, dos orné, fil., tête dor., non rog.. couv. (*Champs*).

L'un des 45 exemplaires sur papier du Japon (nº 20).

259. **Saint-Juirs**. La Seine à travers Paris, illustrée de 230 dessins et de 17 compositions en couleurs par G. Fraipont. *Paris, H. Launette et G. Boudet*, 1890, gr. in-8, fig.. demi-rel. dos et coins de mar. rouge, dos orné et mosaïqué fil., tête dor., non rog., couv. illust. (*Champs*).

L'un des 10 exemplaires sur papier du Japon (nº 9).

260. **SAINT-PIERRE** (Bernardin de). Paul et Virginie. Illustrations de Maurice Leloir. *Paris, H. Launette et Cie*, 1887, gr. in-8, demi-rel. dos et coins de mar. rouge foncé, dos à nerfs, tête dor., non rog., couv. illust.

Exemplaire tiré sur papier du Japon, offert par l'Editeur ; contenant :
1º les eaux-fortes en 3 états dont l'eau-forte pure ;
2º les tirages à part de tous les bois ;
3º **charmante aquarelle originale** de **Maurice Leloir** sur le faux-titre.

261. **Satyre Ménippée** de la vertu du Catholicon d'Espagne et de la tenue des estats de Paris ; augmentée de notes tirées des éditions de Du Puy et de Le Duchat, par V. Verger, et d'un commentaire historique, littéraire et philologique, par Ch. Nodier. *Paris, Delangle et Dalibon (impr. de J. Didot aîné)*, 1824, 2 vol. gr. in-8, figg. de Devéria, cart. dos de perc., non rog. (*Canape*).

L'un des 10 exemplaires tirés sur très grand papier de Hollande, avec triple état des figures avant et avec la lettre sur Chine et l'eau-forte pure également sur Chine.

On a joint à cet exemplaire (tome 2 page 70), une double épreuve avant lettre et eau-forte d'une figure refusée *très rare*, et aussi (tome 2 page 367) une figure avant le cadre de la Procession de la Ligue.

262. **Sauvenière** (Alfred de). Piments rouges. Illustrations de Lunel et Steinlen. *Paris, A. Piaget*, 1887, in-8 carré, demi-rel. dos et coins de mar. rouge, dos à nerfs, tête dor., non rog., couv. impr. en couleurs.

L'un des 15 exemplaires tirés sur papier du Japon (nº 4).

263. **Scènes de la vie privée et publique des animaux.** Vignettes par Grandville. Etudes de mœurs contemporaines publiées sous la direction de M. P. J. Stahl, avec la collaboration de MM. de Balzac, L. Baude, J. Janin, Ch. Nodier, etc. *Paris, J. Hetzel*, 1842, 2 vol. gr. in-8, fig., demi-rel. chag. vert, dos orné, tr. dor.

Exemplaire de premier tirage avec les gravures hors texte tirées sur papier de Chine.

264. **Schultz** (Jeanne). La Neuvaine de Colette. Illustrations par Emile Bayard. *Paris, Plon. — Calmann Lévy, s. d.*, pet. in-4 carré, demi-rel. dos et coins de mar. bleu jans., dos sans nerfs, tête dor., non rog., couv. (*Canape*).

L'un des 40 exemplaires tirés sur papier du Japon (nº 26).

265. **Sébillot** (Paul). Contes de terre et de mer. Légendes de la Haute-Bretagne, illustrés par Léonce Petit, Sahib et Bellenger. *Paris, G. Charpentier*, 1883, in-8, fig., cart. dos et coins de mar. bleu, dos orné, fil., tête dor., non rog. (*Canape*).

L'un des 10 exemplaires tirés sur papier de Chine (nº 6).

266. **Seignobos** (Charles). Scènes et épisodes de l'histoire nationale, illustrée de 60 compositions inédites, *Paris, Armand Colin*, 1891, in-4, fig., cart. dos et coins de mar. bleu, dos orné et mosaïqué, tête dor., non rog., couv. (*David*).

L'un des 20 exemplaires sur papier du Japon (nº 15).

267. **Shakspeare**. Roméo et Juliette. Traduction (en vers français) de Daffry de la Monnoye. Illustrations d'Andriolli, gravures de Huyot. *Paris, Firmin-Didot et Cie, s. d.*, gr. in-4, demi-rel. dos et coins de mar. La Vallière foncé, dos sans nerfs avec ornem. dor., fil. sur les plats, tête dor., non rog., couv. (*P. Ruban*).

Exemplaire sur papier du Japon (nº 28), avec deux suites des figures dont une sur papier de Chine volant.

268. **Silvestre** (Armand). Les Aurores lointaines. Poésies nouvelles 1892-1895. *Paris, Charpentier et Fasquelle*, 1896, in-12, port., demi-rel. dos et coins de mar. orange, dos mosaïqué, fil., tête dor., non rog. (*Canape*).

Edition originale.
L'un des 5 exemplaires sur papier de Chine (nº 4).

269. **Silvestre** (Armand). Les Tendresses. Poésies nouvelles 1895-1898. *Paris, E. Fasquelle*, 1898, in-12, port., broché.

Edition originale, avec la couverture.
L'un des 5 exemplaires tirés sur papier de Chine (nº 3).

270. **Silvestre** (A.) et **F. Thomé**. La Fée du Rocher. Ballet-Pantomine, en deux actes et six tableaux. Illustrations de Jules Chéret. *Paris, L. Conquet*, 1894, in-fol., cart. dos et coins de perc., non rog. (*Carayon*).

Edition spéciale, imprimée sur les pierres originales à 100 exemplaires numérotés (nº 72), avec double état des illustrations : en sanguine dans le texte (dans le texte) et en couleurs (hors texte).

271. **Simon** (Jules). Mémoires des Autres. Illustrations de Noël Saunier, gravées sur bois par Charpentié, Méaulle et Quesnel. *Paris, E. Testard et Cie*, 1890, in-12, demi-rel. dos et coins de mar. grenat, dos sans nerfs avec ornem. dor., fil. sur les plats, tête dor., non rog., couv. (*Canape*).

Edition originale, avec la couverture.
L'un des 50 exemplaires sur papier du Japon tirés pour le compte de M. A. Ferroud (Librairie des Amateurs) nº 8, portrait de l'auteur ajouté, gravé à l'eau-forte par Le Nain, épreuve sur Japon avant la lettre.

272. **Sonnets des vieux Maistres françois** (1520-1670). *Paris, Plon et Cie*, 1882, in-12, titre r. et n., demi-rel. dos et coins de mar. bleu, dos orné, fil. sur les plats, tête dor., non rog., couv. (*Champs*).

L'un des 20 exemplaires tirés sur papier du Japon (nº 12).

273. **Spon** (Jacob). Relation de l'état présent de la ville d'Athènes, ancienne capitale de la Grèce, bâtie depuis 3400 ans. Avec un abrégé de son histoire et de ses antiquités. *Lyon, L. Pascal*, 1674, in-12, avec une vue, demi-rel. dos et coins de chag. grenat poli jans., fil. sur les plats, tête dor., non rog. (*Champs*).

Réimpression annotée et publiée en 1854, par M. de Laborde, et tirée à un très petit nombre d'exemplaires.
On lit sur le titre « En souvenir de 1844 ».
de Laborde.

274. **STENDHAL**. Suite de 32 eaux-fortes de V. Foulquier pour illustrer la Chartreuse de Parme. Edition L. Conquet, in-fol., en carton.

Epreuves sur Chine montées sur bristol avant la lettre.

275. **Tcheng-Ki-Tong** (le Colonel), attaché militaire de Chine à Paris. Les Chinois peints par eux-mêmes. *Paris, Calmann Lévy*, 1884, pet. in-8, portr., demi-rel. dos et coins de mar. rouge, dos orné, fil., tête dor., non rog., couv. (*Champs*).

Edition originale, avec la couverture.
L'un des 20 exemplaires tirés sur papier de Chine (nº 11).

276. **Théo-Critt**. La Colonelle Durantin, avec une préface par le colonel Ramollot. *Paris, Ollendorff*, 1884, in-12, demi-rel. dos et coins de mar. rouge, dos sans nerfs avec ornem. dor. et mosaïqués, fil. sur les plats, tête dor., non rog. (*P. Ruban*).

Edition originale, avec la couverture illustrée (premier plat seulement).
L'un des 3 exemplaires tirés sur papier du Japon (nº 2).
Envoi autographe signé de l'auteur.

277. **THIERRY** (Augustin). **Récits des temps Mérovingiens** ; avec Dessins de J.-P. Laurens, reproduits par les procédés de M. Goupil et Cie. *Paris, Hachette et Cie*, 1881-1887, in-fol., demi-rel. dos et coins de mar. brun jans., dos à 5 nerfs, tête dor., non rog. (*Champs*).

L'un des **10** exemplaires tirés sur **papier de Chine** (n° 9).
Provenant de la bibliothèque de Ch. Bouret, avec son *ex-libris* gravé.

278. **Thoumas** (Général). Les Anciennes Armées Françaises. Exposition rétrospective Militaire du Ministère de la Guerre en 1889. Ouvrage contenant plus de 400 reproductions par la photogravure. *Paris, H. Launette et Cie. — G. Boudet, successeur*, 1890, 2 vol. gr. in-4, demi-rel. dos et coins de mar. olive, dos à nerfs, tête dor., non rog.

Exemplaire imprimé sur papier du Japon, pour M. Gustave Boudet, contenant une double suite tirée à part de toutes les planches en photogravure.

279. **Tinseau** (Léon de). Sur le Seuil. *Paris, Calmann Lévy*, 1890, in-12, demi-rel. dos et coins de mar. bleu, dos mosaïqué, fil. sur les plats, tête dor., non rog. (*Canape*).

Edition originale.
L'un des 15 exemplaires tirés sur papier du Japon (n° 4), auquel on a ajouté une gravure de A. de Neuville, gravée par Hildibrand.

280. **Toppfer** (R.). Voyages et aventures du Docteur Festus. *Genève, Ledouble*, 1840, in-8, fig., demi-rel. dos et coins de mar. bleu, dos orné, fil., tête dor., non rog. (*Canape*).

Edition originale, avec la couverture illustrée d'un frontispice, de 6 dessins et une carte hors texte et autographiés.

281. **Toudouze** (Gustave). Le Pompon vert. Illustrations de G. Jeanniot. *Paris, E. Testard et Cie*, 1888, gr. in-8, demi-rel. dos et coins de mar. vert jans., dos à 5 nerfs, tête dor., non rog., couv. (*Canape*).

L'un des 60 exemplaires tirés sur papier du Japon (n° 53).

282. **Trogan**. Les Mots Historiques du Pays de France. Illustrations de Job. *Tours, A. Mame et Fils*, 1896, in-4, illustrations en couleurs, cart. vélin blanc, dos orné d'une branche de feuillage, peinte à l'aquarelle vert et or, non rog., couv.

L'un des 25 exemplaires tirés sur papier du Japon (n° 17).

283. **Uchard** (Mario). Mon Oncle Barbassou, orné de 40 compositions gravées à l'eau-forte par Paul Avril. *Paris, J. Lemonnyer*, 1884, gr. in-8, cart. dos et coins de mar. bleu, dos orné, non rog., couv. (*David*).

L'un des 50 exemplaires tirés sur papier du Japon (n° 13), avec les eaux-fortes pures des 40 compositions de Paul Avril, et une suite des eaux-fortes terminées, tirées à part, avec le nom de l'artiste à la pointe sèche.

On y a joint :

1° Un portrait de l'auteur dessiné et gravé par Paul Avril en 4 états ;
2° Le Dessin original de ce portrait par Paul Avril ;
3° Les eaux-fortes refusées en 2 états : eau-forte pure et terminée.

284. **Ujfalvy-Bourdon** (Mme de). De Paris à Samarkand, le Ferghanah, le Kouldja et la Sibérie Occidentale. Impressions de voyage d'une parisienne. Ouvrage contenant 273 gravures sur bois et 5 cartes. *Paris, Hachette et Cie*, 1880, gr. in-4. demi-rel. dos et coins de mar. tête de nègre, dos orné, fil. sur les plats, tête dor., non rog., couv. (*Champs*).

Exemplaire tiré sur papier de Chine.

285. **Uzanne** (Octave). L'Art et l'Idée, revue contemporaine du dilettantisme littéraire et de la curiosité. *Paris*, année 1892, en 12 livraisons, nombreuses gravures hors texte et en couleurs.

Exemplaire sur papier de Chine.

286. **Uzanne** (Octave). Bouquinistes et Bouquineurs. Physiologie des Quais de Paris, du Pont-Royal au Pont-Sully. Illustrations d'Emile Mas, eau-forte frontispice de Ma-

nesse. *Paris, Librairies-Imprimeries réunies, May et Motteroz*, 1893, gr. in-8, demi-rel. dos et coins de mar. violet, dos mosaïqué, fil. sur les plats, tête dor., non rog., couv. (*David*).

L'un des 2 exemplaires tirés sur papier rose (nº 2) avec la signature de l'auteur et contenant le frontispice en 4 états dont l'eau-forte pure.

287. **Uzanne** (Octave). Documents sur les mœurs du XVIIIe siècle. Anecdotes sur la comtesse du Barry. *Paris, A. Quantin*, 1880, in-8, front., demi-rel. dos et coins de mar. orange, dos orné, fil., tête dor., non rog., couv. (*Champs*).

L'un des 50 exemplaires sur papier Whatman (nº 55) avec le frontispice de Lalauze en 2 états.

288. **Uzanne** (Octave). Documents sur les mœurs du XVIIIe siècle. Les Mœurs secrètes du XVIIIe siècle. *Paris, A. Quantin*, 1883, in-8, front., demi-rel. dos et coins de mar. orange, dos orné, fil., tête dor., non rog., couv. (*Champs*).

L'un des 50 exemplaires sur papier Whatman (nº 55) avec le frontispice de P. Avril en 2 états.

289. **Uzanne** (Octave). L'Eventail. Illustrations de Paul Avril. *Paris, Quantin*, 1882, gr. in-8, cart. dos et coins de mar. rose, non rog. (*Carayon*).

L'un des 100 exemplaires tirés sur papier du Japon (nº 15) auquel on a ajouté la suite des tirages à part et l'emboitage.

290. **Uzanne** (Octave). Le Livre Moderne. Revue des Bibliophiles contemporains, publié par Octave Uzanne. *Paris, Direction, quai Voltaire, 17*, 1890-1891, 5 vol. in-8 raisin y compris le vol. de Table, fig. dans le texte et planches hors texte, cart. dos et coins de mar. orange, dos mosaïqués d'une branche de liserons, fil., non rog., couv. (*Champs*).

L'un des 20 exemplaires sur papier du Japon (nº 19) orné de nombreuses figures et eaux-fortes en un ou plusieurs états.

291. **Uzanne** (Octave). L'Ombrelle. – Le Gant. — Le Manchon. Illustrations de Paul Avril. *Paris, A. Quantin*, 1883, in-8, portr. et fig., demi-rel. dos et coins de mar. vert, tête dor., non rog., couv. imp. en coul.

L'un des 100 exemplaires sur papier du Japon.

292. **Uzanne** (Octave). La Panacée du Capitaine Hauteroche. Illustrations hors texte à l'aquarelle par Eugène Courboin. *Paris, H. Floury*, 1899, in-4, cart. dos et coins de mar. rouge, dos orné, non rog., couv. illust. (*Noulhac*).

Exemplaire sur papier impérial du Japon, spécialement imprimé pour M. Octave Uzanne, auquel on a joint 2 lettres autographes signées d'Eugène Courboin.

293. **UZANNE** (Octave). Voyage autour de sa Chambre. Illustrations de Henri Caruchet, gravées à l'eau-forte par Frédéric Massé. Relevées d'aquarelles à la main. *Imprimé à Paris, pour les Bibliophiles Indépendants. H. Floury*, 1896, in-4, cart. dos et coins de veau gris, dos orné d'une branche de lilas blanc peinte à l'aquarelle, non rog., couv. (*Carayon*).

Cette publication a été tirée, en taille-douce, pour les Bibliophiles Indépendants, au nombre exact de 210 exemplaires, dont 200 pour les Souscripteurs, 10 pour les Collaborateurs.

Exemplaire n° 45, contenant le tirage à part en noir, avec remarques des encadrements du texte, et double couverture.

294. **Uzanne** (Octave). Les Zigzags d'un curieux. Causeries sur l'art des livres et la littérature d'Art. *Paris, Quantin*, 1888, in-12, front., cart. dos et coins de mar. grenat, non rog., couv. (*Champs*).

L'un des 30 exemplaires tirés sur papier du Japon (n° 21) contenant : le frontispice en 3 états.

295. **Valbel** (Horace). Les Chansonniers et les Cabarets Artistiques. Dessins d'Alfred Le Petit, préface de Clovis Hugues. *Paris, Dentu, s. d.*, in-12, demi-rel. dos et coins

de mar. vert, dos sans nerfs, mosaïqué, fil. sur les plats, tête dor., non rog., couv. (*Canape*).

Edition originale, avec la couverture.
Exemplaire tiré sur papier de Chine (n° 3).

296. **Vasili** (Comte P.). La Sainte Russie. La Cour, l'Armée, le Clergé, la Bourgeoisie et le Peuple. Ouvrage contenant 4 chromolithographies et plus de 200 gravures, d'après les dessins d'Aviano, Bord, Chauvet, Dunki, Gaillard, Lacker, Martin, Roguet, Waret, etc., etc. *Paris, Firmin-Didot et Cie*, 1890, gr. in-8, demi-rel. dos et coins de mar. rouge à gros grain jans., dos sans nerfs, tête dor., non rog., couv. (*Canape*).

L'un des 75 exemplaires tirés sur papier du Japon (n° 10).

297. **Vast-Ricouard**. Pour ces Dames. Illustré par Kauffmann. *Paris, Marpon et Flammarion*, 1882, in-12, cart. dos et coins de mar. bleu jans., tête dor., non rog. (*Carayon*).

Edition originale, avec la couverture (premier plat seulement).
Exemplaire tiré sur papier de Hollande.

298. **Vaux** (Baron de). Les Femmes de Sport, préface par Arsène Houssaye et lettre de Catulle Mendès. Illustrations de Saint-Pierre, de Liphart, Desmoulins, Aimé Perret, Mesplès, etc. *Paris, Marpon et Flammarion*, 1885, gr. in-8, demi-rel. dos et coins de mar. vert, dos sans nerfs avec ornem. de fil. dor., fil. sur les plats, tête dor., non rog., couv. (*Canape*).

L'un des 25 exemplaires tirés sur papier du Japon (n° 13) avec la double suite des gravures hors texte tirées en *noir* et en *bistre*.

299. **Vaux** (Baron de). Les Hommes de Sport, préface par Alexandre Dumas fils. Illustrations de Ad. Marie, Yvon, etc. *Paris, Marpon et Flammarion, s. d.*, gr. in-8, demi-rel. dos et coins de mar. vert, dos sans nerfs, avec ornem.

de fil. dor., fil. sur les plats, tête dor., non rog., couv. (*Canape*).

L'un des 25 exemplaires tirés sur papier du Japon (n° 12) avec la double suite des gravures hors texte tirées en *noir* et en *bistre*.

300. **Vaux** (Baron de). Le Sport à Paris. Les Tireurs au Pistolet. Préface de Guy de Maupassant et lettre du Prince Bibesco. Illustrations de Jeanniot, Manet, Mesplès, etc... *Paris, Marpon et Flammarion*, 1883, in-8, fig., demi-rel. dos et coins de mar. rouge, dos orné et mosaïqué, fil., tête dor., non rog., couv. (*Champs*).

L'un des 40 exemplaires sur papier du Japon (n° 19) avec la double suite des gravures tirées sur papier de Chine en noir et en bistre.

301. **Veber's.** Les Veber's. — Les Veber's. — Les Veber's. *Paris, E. Testard*, 1895, gr. in-8, fig. dans le texte, demi-rel., dos et coins de mar. La Vallière, dos orné d'une guirlande de liserons en mosaïque or et couleurs, tête dor., non rog., couv. illust. (*Champs*).

Le texte humoristique de Pierre Veber, est illustré de plus de 400 compositions par *Jean Veber*.
L'un des 25 exemplaires tirés sur papier de Chine (n° 34).

302. **Véron** (Eugène). La troisième invasion (Juillet 1870-Mars 1871). Texte par Eugène Véron, eaux-fortes par Auguste Lançon. *Paris, Librairie de l'Art*, 1876-1877, 2 vol. in-fol., demi-rel., dos et coins de mar. rouge, ornem. de 7 fil. sur le dos, fil. sur les plats, tête dor. non rog., planches mont. sur onglets. (*Canape*).

Exemplaire tiré sur papier de Hollande avec les eaux-fortes sur papier du Japon, monté sur bristol.
Ouvrage contenant 441 pages de texte, avec 163 planches à l'eau-forte, prises directement sur nature par Auguste Lançon, et 15 grandes cartes d'après les cuivres du Dépôt de la guerre.

303. **Vétault** (A.). Charlemagne. Introduction par Léon Gautier. *Tours, Mame et fils*, 1877, gr. in-8, avec chro-

molith., planches hors texte, fig. dans le texte et carte. demi-rel., dos et coins de mar. La Vallière, tête dor.. non rog., couv. (*Bretault*).

L'un des 21 exemplaires tirés sur papier de Chine (nº 6).

304. **VILLIERS DE L'ISLE ADAM** (Comte de) Akëdysséril. *Paris, M. de Brunhoff*, 1886, in-8, front. et port. mar. orange, jans., fil. int., tr. dor. sur broch. (*Canape*).

Exemplaire sur papier du Japon, contenant 2 frontispices de Félicien Rops dont l'un en couleurs et l'autre en 3 états.

305. **Vitta** (Emile). Farandole de Pierrots, poésies. Illustrations de Willette. *Paris, Vanier*, 1890, plaq. gr. in-8, fig. cart. dos et coins de mar. rouge, dos orné et mosaïqué, fil., tête dor., non rog., couv. (*Canape*).

Exemplaire sur papier du Japon avec une double suite sur Chine des illustrations et auquel on a ajouté un **dessin original** de **Willette** ayant servi à l'illustration du livre.

306. **Vitta** (Emile). A travers un Vitrail, poésies. Dessins de Willette et de Boutet de Monvel. *Paris, Vanier*, 1892, in-4, cart. dos et coins de mar. bleu, non rog., couv. illust. (*Carayon*).

Exemplaire tiré sur papier du Japon (nº 30), auquel on a ajouté le tirage à part des gravures en sanguine sur papier de Chine volant.

307. **Vogué** (E. Melchior de), de l'Académie française. Le Portrait du Louvre. Illustrations de M. le Comte de L'Aigle. *Paris, H. Launette et Cie — G. Boudet succr*, 1889, gr. in-4, texte autographié avec 30 compositions à l'aquarelle, demi-rel., dos et coins de mar. rouge, fil. sur le dos et les plats, tête dor., non rog., couv. en satin rose. (*Champs*).

L'un des 25 exemplaires tirés sur papier du Japon (nº 2) auquel on a ajouté le portrait de l'auteur gravé à l'eau-forte par A. Lamotte, épreuve sur Japon avant la lettre.

308. **Vuillier** (Gaston). La Tunisie, illustrée par l'auteur. *Tours, A. Mame et fils*, 1896, in-4, fig. en feuilles.

L'un des 25 exemplaires tirés sur papier de Chine (n° 18) avec les gravures hors texte en 2 états.
4 hors texte en chromolithographie.

309. **Willette** (A.). Pauvre Pierrot. Fantaisie artistique composée de Quarante planches en taille-douce d'après les dessins de l'auteur. *Paris, L. Vanier, s. d.*, demi-rel., dos et coins de mar. olive jans., dos sans nerfs, tête dor., non rog., couv. *Canape*).

41 planches y compris le titre tirées sur papier du Japon.

310. **Wallon** (H.). Saint-Louis. *Tours, A. Mame*, 1878, gr. in-8, fig., demi-rel., dos et coins de mar. bleu, dos orné, fil., tête dor., non rog. (*Champs*).

L'un des 21 exemplaires tirés sur papier de Chine (n° 6) illustré de planches en chromolithographies et de gravures sur bois dans le texte.

311. **WALTER SCOTT**. Album de 1 portrait et de 50 planches gravées sur acier, tirées sur Chine et montées sur bristol, *Edimburg Adam et Charles Blach*, 1852, in-fol., cart., dos de perc., planches mont. sur onglets. (*Canape*).

Suite très rare à laquelle on a ajouté le portrait de Scott gravé par Dhautefeuille d'après H. Reabnrn.

312. **WALTER SCOTT illustré**. Traduction nouvelle, par MM. Louisy, Daffry de la Monnoye, Robert de Cerisy et Scheffter. *Paris, Firmin Didot et Cie*, 1880-1892, 20 vol. gr. in-8, illustrés de nombr. gravures sur bois dans le texte et hors texte, par MM. Comte, Delort, Ad. Marie, Pellicier, H. Pille, Sabatier, Taylor, Riou, H. Scott, etc., etc., demi-rel., dos et coins de mar. violet à gros grain,

dos orné de 3 fil., fil. sur les plats, tête dor., non rog., couv. (*Champs*).

L'un des 100 exemplaires numérotés sur papier à la forme

Cette collection se compose des volumes suivants :

Ivanhoé. — Quentin Durward. — Rob Roy. — Kenilworth. — L'Antiquaire. — Les Puritains d'Ecosse. — Guy Mannering. — La Jolie fille de Perth. — Waverley. — La Prison d'Edimbourg. — Le Monastère. — Redgauntlet. — L'Abbé. — La Fiancée de Lammermoor, suivi du Nain noir. — Charles le Téméraire. — Woodstock. — Le Pirate. — Les Aventures de Nigel. — Péveril du Pic. — Richard en Palestine, suivi du Château périlleux.

313. **Wynne** (Mme J.). Les Morlaques, par J. W. C. D. U. et R. (J. Wynne) (*En Italie*), 1788, 2 tom. en 1 vol. gr. in-8, ensemble de 358 pp., rel. cuir de Russie, comp. de fil. et ornem. aux angles, 5 sur le dos et 7 sur les plats, dent. int., tr. dor. (*Bauzonnet*).

Cet ouvrage, imprimé pour l'auteur, et dédié à Catherine II, n'a point été mis dans le commerce. Nodier en a fait un grand éloge dans ses *Mélanges tirés d'une petite bibliothèque*, p. 187.

On lit sur la garde cette note manuscrite.

Livre fort rare dont un exemplaire ordinaire a été vendu 52 fr.

M. Brunet auquel on a d'ailleurs si peu d'erreurs de ce genre à reprocher l'annonce mal-à-propos in-4°. Il ajoute que cet ouvrage ne renferme rien de bien neuf, et qu'on l'attribue à un certain comte Benincasa.

Je connois peu de livres plus *neufs*, plus piquant et plus curieux. C'est un tableau très-vrai des mœurs les plus originales de l'Europe, celle des *Morlaques*, et j'ose dire qu'il n'existe rien d'aussi complet en aucune langue sur cette matière.

Quand à la seconde proposition de M. Brunet, cet exemplaire *donné par l'auteur* à Lord Glenbervie, y répond de la manière la plus péremptoire. La dédicace à l'Impératrice Catherine est signée en toutes lettres de Madame de Wynne, Comtesse des Ursins et de Rosenberg, particularité qui le feroit sortir de la classe des livres anonymes, si elle était commune à toute l'édition, mais elle est spéciale à ce précieux volume, entre tous les exemplaires jusqu'ici connus.

Ch. Nodier.

314. **Xanrof** (Léon). Chansons sans-gêne. Couverture de Georges Cain. Illustrations de T. Saint-Maurice ; dessins hors texte de : Bombled, M. Capy, J. Grün, Sonnier, M. de Thoren, etc., etc. *Paris, G. Ondet*, 1890. in-12, demi-rel., dos et coins de mar. lilas, dos sans nerfs avec ornem.

dor. et mosaïqués, fil. sur les plats, tête dor., non rog. (*P. Ruban*).

Edition originale, avec la couverture (premier plat seulement).
L'un des 50 exemplaires tirés sur papier du Japon numérotés et signés (n° 50).

315. **Xanrof**. La Forme ! La Fô..ô..orme ! Illustré par Bombled. *Paris, E. Flammarion, s. d.*, in-12, cart. dos et coins de mar. bleu jans., tête dor., non rog., couv. (*Carayon*).

Edition originale, avec la couverture.
L'un des 10 exemplaires tirés sur papier du Japon (n° 4).

316. **Xanrof**. L'œil du Voisin. *Paris, E. Flammarion, s. d.*, cart., dos et coins de mar. bleu, tête dor., non rog., couv. illust. (*Carayon*).

L'un des 10 exemplaires sur papier du Japon.

317. **Yriarte** (Charles). Les Bords de l'Adriatique. Ouvrage contenant 257 gravures sur bois et 7 cartes. *Paris, Hachette et Cie*, 1878, in-4, br., couv.

Exemplaire sur papier de Chine.

318. **Zola** (Emile). La Débacle. Illustrations du peintre Jeanniot. *Paris, Marpon et Flammarion, s. d.*, gr. in-8, demi-rel. dos et coins de mar. rouge, dos sans nerfs avec ornem. dor., fil. sur les plats, tête dor., non rog., couv. (*Champs*).

L'un des 30 exemplaires tirés sur papier de Chine (n° 16). — Portrait ajouté de l'auteur, gravé à l'eau-forte par A. Duvivier, épreuve sur Japon avant la lettre avec remarque.

319. **Zola** (Emile). Pot-Bouille. Edition illustrée, par G. Bellenger et Kauffmann. *Paris, s. d.*, in-4, demi-rel. dos et coins de mar. La Vallière, dos orné de feuillages et de fil. droits et entrelacés, fil. sur les plats, tête dor., non rog., couv. (*Champs*).

L'un des 100 exemplaires numérotés sur grand papier de Hollande (n° 91) avec une double suite des gravures tirées à part sur papier de Chine.

320. **Zola** (Emile). La Terre. Edition illustrée par Duez, Gérardin, Gœneutte, Mesplès, Rochegrosse, etc. *Paris, Marpon et Flammarion, s. d.*, gr. in-8, demi-rel. dos et coins de mar. brun, dos orné, fil. sur les plats, tête dor., non rog., couv. (*Champs*).

L'un des 35 exemplaires tirés sur papier de Hollande (nº 28).

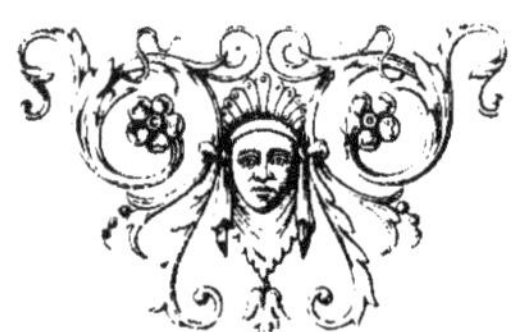

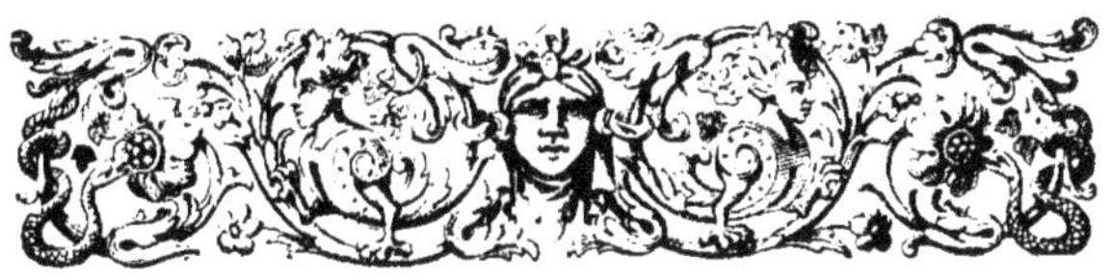

COLLECTION COMPLÈTE

DES

PUBLICATIONS DE LA SOCIÉTÉ DES CENT BIBLIOPHILES

321. **DELORME** (Hugues). Quais et Trottoirs. 13 lithographies en couleurs de Heidbrinck. *Paris, Imprimé pour les Cent Bibliophiles,* 1898, in-8, br., couv. illust.

Tiré à 115 exemplaires (nº 82).

322. **BAUDELAIRE** (Charles). Les Fleurs du Mal. Illustrations en couleurs de A. Rassenfosse. *Paris, pour les Cent Bibliophiles*, 1899, in-4, texte encadré de filets rouges, 160 eaux-fortes, 7 frontispices et 163 culs-de-lampes en couleurs, en cartons, couv.

Tiré à 130 exemplaires (nº 83).
Exemplaire auquel on a ajouté la suite des épreuves des dessins refusés.

323. **MUSSET** (Alfred de). Mademoiselle Mimi Pinson. Profil de Grisette. Eaux-fortes en couleurs (18) par François Courboin. *Paris, Les Cent Bibliophiles*, 1899, in-18, br., couv. illust.

Tirage à 115 exemplaires (nº 76) avec la suite en noir de toutes les eaux-fortes.

324. **MÉRIMÉE** (Prosper). Carmen. Introduction de Maurice Tourneux. 170 lithographies en couleurs, par Alexan-

dre Lunois. *Paris, pour les Cent Bibliophiles*, 1901, 2 vol. pet. in-4 dont 1 vol. de tirage à part, br., couv.

Tiré à 125 exemplaires (n° 75) avec la suite complète des 170 lithographies en couleurs d'Alexandre Lunois, tirées à part sur papier blanc.

325. **MAUCLAIR** (Camille). Les Camelots de la Pensée. Bois en couleurs de Maurice Delcourt. *Paris. Les Cent Bibliophiles*, 1902, pet. in-4 br., couv. illust.

Tirage à 130 exemplaires (n° 73).

326. **HUYSMANS** (J. K.) A Rebours. Deux-cent-vingt gravures sur bois en couleurs de Auguste Lepère. *Paris. Pour les Cent Bibliophiles*, 1903, pet. in-4 en feuilles, couverture, dans un cartonnage.

Tirage à 130 exemplaires (n° 76) imprimés par Auguste Lepère.
Superbe publication.

Arras. — Imp. Schoutheer Frères, rue des Trois-Visages, 53.

2 mai 1904
1/4 de page.

Choix
de Livres rares et précieux
provenant du Cabinet
de M. Tollon
ancien magistrat à Marseille.
Vente Hôtel Drouot, salle n° 7
les lundi 2 et mardi 3 mai 1904.

Me Delestre com.-pris.	Paul Cornuau, libraire
5 rue St Georges.	13. Boulevard Haussmann

Revue Biblio Iconographique
No. du 15 avril prochain
1/4 de page

a Cas[illegible]

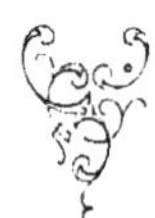

Paris, le .... *19* ...

www.ingramcontent.com/pod-product-compliance
Ingram Content Group UK Ltd.
Pitfield, Milton Keynes, MK11 3LW, UK
UKHW021105270726
13993UKWH00006B/1019

9 782329 511115